# El Caballero de Olmedo

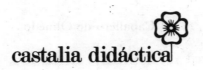

# castalia didáctica

Director:
Pedro Álvarez de Miranda

LOPE DE VEGA

# El Caballero de Olmedo

El Caballero de Olmedo

*Con cuadros cronológicos
introducción, bibliografía, notas y
llamadas de atención,
documentos y orientaciones
para el estudio
a cargo de*

## Juan M.ª Marín Martínez

EDITORIAL CASTALIA

© Editorial Castalia, S. A., 1991
Zurbano, 39 - 28010 Madrid - Tel. 319 58 57
Cubierta de Víctor Sanz
Impreso en España - Printed in Spain
Talleres Gráficos Peñalara, S. A.
Fuenlabrada (Madrid)
I.S.B.N.: 84-7039-593-9
Depósito Legal: M. 25.391-1992

# SUMARIO

*Para Vicente Tusón, por tantas razones.*

# LOPE DE VEGA Y SU TIEMPO

| Año | Acontecimientos históricos | Vida cultural y artística |
|-----|---------------------------|---------------------------|
| 1562 | Reanudación del Concilio de Trento. | Se inicia la construcción de El Escorial. |
| 1564 | Fin del Concilio de Trento. Felipe II intenta imponer el catolicismo en los Países Bajos. | Nacen Shakespeare y Galileo. Mueren Miguel Ángel y Calvino. |
| 1565 | | Se crea en Madrid la Cofradía de la Pasión, institución benéfica que obtiene sus recursos económicos de la explotación comercial de los corrales de comedias. |
| 1568 | Sublevación de los moriscos en las Alpujarras. | |
| 1569 | | Nace el dramaturgo Guillén de Castro. |
| 1571 | Batalla de Lepanto: la Liga Santa (España, Venecia y Roma) vence a los turcos. | Nace Kepler. |
| 1572 | Interrupción de las relaciones diplomáticas entre España e Inglaterra. Muere Pío V. | Publicación en Amberes de la *Biblia Políglota*, dirigida por Arias Montano. Nacimiento de Agustín de Rojas. |
| 1573 | Don Juan de Austria toma Túnez y La Goleta. | Nacimiento del poeta Rodrigo Caro. |
| 1574 | Se vuelven a perder Túnez y La Goleta. Muere Carlos IX de Francia y le sucede Enrique III. | Nacimiento del dramaturgo Mira de Amescua. Llegan a España compañías de cómicos italianos (Ganassa). |
| 1575 | Bancarrota estatal española. | Se inauguran los primeros corrales de comedias en Madrid, Sevilla, Valladolid... |
| 1577 | | Nacimiento del pintor Rubens. El Greco se establece en Toledo. |
| 1579 | | Nacen Tirso de Molina y Luis Vélez de Guevara. Se inaugura el Corral de la Cruz, en Madrid. |

| Vida y obra de Lope de Vega |
| :--- |
| Lope Félix de Vega Carpio nace en Madrid el 25 de noviembre, en el seno de una familia de escasa fortuna, oriunda de la Montaña. |
| |
| |
| |
| |
| |
| |
| |
| Estudios con los jesuitas en el Colegio Imperial de Madrid. |
| |
| Inicia los estudios universitarios en Alcalá de Henares, cuando sirve al obispo don Jerónimo Manrique de Lara. |
| |

| Año | Acontecimientos históricos | Vida cultural y artística |
|-----|----------------------------|---------------------------|
| 1580 | Anexión de Portugal a la Corona española. | Nacimiento de los escritores Francisco de Quevedo y Ruiz de Alarcón (?). |
| 1581 | Proclamación de independencia del norte de los Países Bajos. | Nace el escritor Salas Barbadillo. |
| 1582 | | Inauguración del Corral de la Pacheca, en Madrid. Nace el poeta Villamediana y muere Santa Teresa de Jesús. |
| 1583 | | Muere Juan Timoneda. Nacimiento del poeta Francisco de Rioja. |
| 1584 | Felipe II reclama la corona francesa para su hija Isabel Clara Eugenia. | Inauguración del Corral del Príncipe en Madrid. Se concluyen los trabajos de El Escorial. Nacen los escritores Diego Saavedra Fajardo y Castillo Solórzano. |
| 1585 | Guerra con Francia (1585-1598). | Nacimiento del poeta Luis Carrillo y Sotomayor. |
| 1587 | Ejecución de María Estuardo en Inglaterra. Se organiza la Armada Invencible para invadir Inglaterra. | |
| 1588 | La Armada Invencible, compuesta por ciento treinta barcos, parte de Lisboa con casi veinte mil hombres; una tempestad la desmantela y es derrotada por las escuadras inglesas. | Nacimiento del pintor Ribera. Muerte de fray Luis de Granada y del pintor Veronés. |
| 1590 | Fuga de Antonio Pérez, el secretario de Felipe II, encarcelado en Madrid. | |

| Vida y obra de Lope de Vega |
|---|
| Sirve al Marqués de las Navas. |
| |
| ¿Estancia en la Universidad de Salamanca? |
| Empieza la aventura amorosa, relatada en *La Dorotea*, con Elena Osorio (*Filis* en los poemas), la hija del actor Jerónimo Velázquez, que se encontraba separada de su marido. Por otra parte, Lope participó en la conquista de la Isla Terceira (Azores), episodio en el que se lograba la anexión de Portugal. |
| |
| Cervantes lo elogia en *La Galatea*. |
| Elena abandona al escritor, que ya es prestigioso, y se une a otro hombre de mayor fortuna; Lope, contrariado, redacta y difunde unos versos injuriosos contra la muchacha y su familia, lo que provoca la detención del autor y la condena a cuatro años de destierro de Madrid y dos del reino de Castilla, duplicada la primera por haber reincidido en el delito. Lope fija su residencia en Valencia, hasta 1590, y allí conoce a interesantes dramaturgos como Tárrega, Aguilar, etc. |
| Parece que se alista en la Armada Invencible. Rapta a Isabel de Urbina (*Belisa*), una joven de diecisiete años, de hacendada familia, y detiene el consecuente proceso judicial contrayendo matrimonio con ella. |
| Al finalizar el destierro de Castilla, fija su residencia cerca de la Corte, en Toledo, y sirve al Marqués de Malpica; entra al servicio del Duque de Alba, en Alba de Tormes, en donde conoció el refinamiento cortesano. |

| Año | Acontecimientos históricos | Vida cultural y artística |
|-----|---------------------------|---------------------------|
| 1591 | Rebelión de Aragón por la detención de Antonio Pérez. | Muerte de fray Luis de León y San Juan de la Cruz. |
| 1593 | | Nacimiento del entremesista Luis Quiñones de Benavente. |
| 1594 | | |
| 1595 | Francia declara la guerra a España. | Muere el poeta Barahona de Soto. |
| 1596 | Nueva bancarrota del Estado español. | Nacimiento del filósofo Descartes. |
| 1597 | | Muerte del poeta Fernando de Herrera. |
| 1598 | Felipe II abdica en su hija Isabel Clara Eugenia la corona de los Países Bajos. Muerte de Felipe II. | Nacimiento de Zurbarán. Se clausuran los teatros por la muerte de Doña Catalina, la hija del rey. |
| 1599 | Boda de Felipe III con la Archiduquesa Doña Margarita. Privanza del Duque de Lerma. | Reapertura de los corrales de comedias. Nacimiento del pintor Velázquez. |
| 1600 | Traslado de la Corte a Valladolid. | Nacimiento de Calderón de la Barca. *Hamlet*, de Shakespeare. |
| 1601 | | Nacimiento de Baltasar Gracián y Alonso Cano. |
| 1602 | | Nacimiento de Pérez de Montalbán. |
| 1604 | Se firma la Paz de Londres y mejoran las relaciones entre España e Inglaterra. | |
| 1605 | Paulo V, Papa. | Primera Parte del *Quijote*. *El rey Lear*, de Shakespeare. |
| 1606 | Traslado de la Corte a Madrid. | Nacen el pintor Rembrandt y el dramaturgo Corneille. |

| Vida y obra de Lope de Vega |
|---|
| |
| |
| Muere de parto Isabel. |
| Se le condona lo que le queda de destierro y llega a Madrid cuando es un consagrado dramaturgo. Nuevas relaciones sentimentales lo unen ahora a la casada Micaela Luján *(Celia* y *Camila Lucinda)*. |
| |
| |
| Se casa por motivos económicos con Juana de Guardo, la hija de un afortunado abastecedor de carnes. Publica *La Arcadia*, una novela pastoril, y el poema épico *La Dragontea*. Entra a servir al Marqués de Sarria, que luego sería el Conde de Lemos. |
| Nace su hija Jacinta. Publica *El Isidro*, poema narrativo sobre un virtuoso labrador que sería canonizado años más tarde y nombrado patrón de Madrid. |
| Vive en Valladolid. |
| |
| *Rimas humanas* y *La hermosura de Angélica*. |
| Empiezan a publicarse sus comedias (Parte I). *El peregrino en su patria*, novela bizantina. Afirma haber escrito 219 libros. Se traslada a Toledo. |
| Entra al servicio del Duque de Sessa, un joven inmoral a quien Lope ayudará en sus aventuras amorosas. |
| Nacen sus hijos Carlos Félix y la ilegítima Marcela (hija de Micaela). |

| Año | Acontecimientos históricos | Vida cultural y artística |
|-----|----------------------------|---------------------------|
| 1607 | De nuevo bancarrota en España. | Muerte de Francisco de Medrano. Nacimiento de Rojas Zorrilla. |
| 1608 | | |
| 1609 | Tregua de los doce años entre España y los Países Bajos. Expulsión de los moriscos. | El Padre Mariana condena el teatro en el *Tratado contra los juegos públicos*. |
| 1610 | Asesinato del rey francés Enrique IV. | Muerte del dramaturgo Juan de la Cueva. Invento del telescopio (Galileo). Nace Antonio de Solís. |
| 1611 | Muerte de la reina Margarita de Austria. | Nacen J. Vélez de Guevara y Antonio Coello. |
| 1612 | Victorias del ejército español en el norte de Italia. | Clausura de los teatros con motivo de la muerte de la reina Margarita. |
| 1613 | | Muerte de Lupercio Leonardo de Argensola. |
| 1614 | | Muerte de El Greco y Mateo Alemán. |
| 1615 | | Segunda Parte del *Quijote*. |
| 1616 | | Muerte de Cervantes y Shakespeare. |
| 1617 | | Nace el pintor Murillo. |
| 1618 | Se inicia la Guerra de los Treinta Años, en la que participa España en ayuda de Fernando II. El Duque de Uceda sucede al Duque de Lerma, su padre. | Nacimiento del dramaturgo Agustín Moreto. |
| 1619 | | |

| Vida y obra de Lope de Vega |
|---|
| Nace su hijo Lope Félix (también hijo de Micaela). |
| Rompe con Micaela Luján e intensifica su vida familiar. Es nombrado familiar del Santo Oficio de la Inquisición, que es un título honorífico. |
| Ingresa en la Congregación de Esclavos del Santísimo Sacramento, decisión que indica el nuevo giro que pretende dar a su vida disipada de los últimos años. Publica el poema épico *La Jerusalén conquistada* y el *Arte Nuevo de hacer comedias*. Aparecen sus Comedias (Parte II). |
| Fija su residencia en Madrid, en la calle de Francos (hoy Cervantes). |
| Ingresa en la Orden Tercera de San Francisco. |
| Muere Carlos Félix. Publica la novela *Los pastores de Belén* y se edita la Parte III de sus *Comedias*. |
| Muere su esposa en el parto de Feliciana. Estrena *La dama boba*. |
| Se ordena sacerdote y publica un libro de tema religioso, *Rimas sacras*. Aparece la Parte IV de sus *Comedias*. |
| Se publican las Partes V y VI de sus *Comedias*. |
| Conoce en Madrid a Marta de Nevares (*Amarilis* y *Marcia Leonarda*) y vive unos amores sacrílegos y trágicos. Ella, una joven de 26 años, estaba casada y al cabo del tiempo perdió la vista y la razón; Lope la cuidó hasta su muerte. |
| Nace Antonia Clara. Salen las Partes VII y VIII de las *Comedias* y Lope decide publicar personalmente sus obras de teatro. Parte IX. |
| Se editan las Partes X y XI de las *Comedias*. |
| Parte XII de las *Comedias*. |

| Año | Acontecimientos históricos | Vida cultural y artística |
|---|---|---|
| 1620 | Beatificación de San Isidro. | |
| 1621 | Muerte de Felipe III. Felipe IV sube al trono y entrega el poder al Conde Duque de Olivares. | Nacimiento de La Fontaine. |
| 1622 | Canonización de los españoles San Isidro, San Ignacio de Loyola, San Francisco Javier y Santa Teresa de Jesús. | Nace Molière. Villamediana es asesinado. |
| 1623 | Urbano VIII, Papa. | Nacimiento del pintor Claudio Coello. |
| 1624 | Richelieu, ministro de Luis XIII. | Muerte de Vicente Espinel. |
| 1625 | Carlos I, rey de Inglaterra. | Nacimiento del escritor Juan Bautista Diamante. |
| 1627 | | Muerte de Góngora. |
| 1628 | | |
| 1629 | | |
| 1631 | | Muerte de Bartolomé Leonardo de Argensola y Guillén de Castro. |
| 1632 | | |
| 1634 | | |
| 1635 | Francia y Suecia declaran la guerra a España. | Fundación de la Academia Francesa. Muerte de Salas Barbadillo. |

| Vida y obra de Lope de Vega |
|---|
| Lope dirige el certamen poético con motivo de la beatificación de San Isidro. Aparecen las Partes XIII y XIV de las *Comedias*. |
| Publica *La Filomena* y las Partes XV, XVI y XVII de sus *Comedias*. Marcela ingresa en las Trinitarias. |
| Parte XVIII de sus *Comedias*. |
| *La Virgen de la Almudena* y Parte XIX de sus *Comedias*. |
| *La Circe* y *Novelas a Marcia Leonarda*. |
| Parte XX de las *Comedias* y *Triunfos divinos*. |
| Publica el poema épico-religioso *La corona trágica*. |
| Obtiene del Papa el tratamiento de *frey* y el título de Doctor en Teología. Lope se encuentra en la penuria económica y sufre una gravísima enfermedad. |
| Fracasos en algunos de sus estrenos teatrales. |
| Estrena *El castigo sin venganza*. |
| Muerte de Marta de Nevares. *La Dorotea*. |
| Muerte de su hijo Lope Félix. Antonia Clara se fuga con su amante. *Rimas de Tomé de Burguillos*. |
| Lope muere el 27 de agosto; el entierro fue un acto multitudinario al que asistió todo Madrid. Aparecen las Partes XXI y XXII de sus *Comedias*, y póstumamente las restantes, XXIII a XXV. |

# Introducción

## 1. Lope de Vega: el hombre y el artista

Lope de Vega encarna una figura típicamente española de su tiempo: su vida, apurada con pasión, se debate entre sus creencias cristianas y una conducta a veces disoluta; los contrastes barrocos se plasman en su azarosa biografía: ansias de perfección cristiana y desatadas pasiones. La vida amorosa del *Fénix*, de la que se han señalado en los cuadros cronológicos los hitos principales y las protagonistas que más profunda huella dejaron en su espíritu, no se interrumpió ni siquiera cuando se ordenó sacerdote, lo que lo llevó a escribir: «Yo estoy perdido..., y Dios sabe con qué sentimiento mío». Extraordinario fue su vitalismo y también su sinceridad religiosa, que le ocasionaron no pocas zozobras espirituales y una angustia sólo aliviada en algunos cortos períodos de serenidad.

Lope tuvo una procedencia humilde (era hijo de un bordador) y acabó ascendiendo en la sociedad rígidamente estratificada de su siglo; ocupó un lugar respetable entre nobles y señores, gozó de consideración intelectual entre los pensadores y escritores (también fue envidiado, vilipendiado y censurado por no pocos) y de una popularidad arrolladora gracias principalmente a sus cualidades artísticas, a su fino instinto para dar al público, con dignidad literaria, lo que éste quería ver en los escenarios, rehuyendo definitivamente los modelos estériles de las antiguas autoridades clásicas.

Supo granjearse el favor de los grandes y poderosos (sirvió como secretario a no pocos de ellos, como el Marqués de las Navas, el Marqués de Malpica, el Duque de Alba, el Marqués de Sarria, el Duque de Sessa...) y no contrarió el sistema vigente ni la ideología imperante.

La admiración por su obra fue creciendo, aun cuando no fue entendida ni aceptada en un principio, hasta encumbrarla como la salida de manos de un príncipe, esto es, la de un gran innovador. Pronto fue considerado *Fénix de los Ingenios Españoles* y *Monstruo de la Naturaleza* por la calidad y fecundidad de su producción. Así logró erigirse en maestro de poetas y dramaturgos.

Pero ese halo de escritor prestigioso no lo alejó de su público; por el contrario, su popularidad fue excepcionalmente notable. El pueblo llegó a usar la expresión *es como de Lope* para encarecer la calidad de algo, y circuló por Madrid una parodia del *Credo* que afirmaba *Creo en Lope Todopoderoso, Poeta del Cielo y de la Tierra...* El pueblo madrileño le tributó una veneración inusual, como se puso de manifiesto en su entierro, que constituyó una tumultuosa manifestación de dolor.

Lope vivió en una época esplendorosa para la cultura española. El período comprendido entre la aparición de la primera y segunda partes del *Quijote* (1605-1615) es, sin lugar a dudas, estelar en nuestra historia: tres generaciones de escritores (la de Cervantes, la de Góngora y él mismo y la de los más jóvenes como Quevedo, Tirso, Vélez y Ruiz de Alarcón, entre otros), granaron la innovación y grandeza de las letras barrocas, al nacionalizar la literatura procedente de Italia, que durante casi un siglo había vivificado la nuestra, y consolidaron los tres grandes géneros. Lope, por su parte, como escritor prolífico que fue, escribió con acierto poesía —lírica, épica, didáctica—, ensayo, novela y, sobre

todo, teatro, género al que dedicaría toda su vida y en el
que introdujo novedades que pervivieron durante casi dos
siglos.

Sin embargo, Lope escribió probablemente más de lo que
habría sido razonable: su amigo y discípulo Montalbán le
atribuye mil ochocientas comedias y cuatrocientos autos,
cantidad que hay que recibir con cautela, pues parece
excesivamente abultada; el propio Lope manifestó haber
compuesto mil quinientas comedias. Exageradamente llegó
a afirmar que no tardó en escribir alguna de ellas más de un
día:

> Y más de ciento, en horas veinticuatro,
> pasaron de las musas al teatro.

Lo cierto es que, aunque no se llegara a esas cifras, su
producción alcanzó cantidades desmesuradas, pues los escenarios exigían cambios rápidos en la cartelera y se devora-
ban títulos con presteza. En cualquier caso, Lope escribió
muchísimo teatro: a los cincuenta y nueve años había
estrenado más de novecientas comedias, editado más de
trescientas, y sólo entre 1604 y 1618 aumentó su producción
en más de cuatrocientos títulos.

No puede sorprender, por tanto, que Lope de Vega sea el
creador del teatro nacional; su obra representa la frontera
que separa el teatro antiguo del moderno, al hacer virar la
comedia en la dirección de los nuevos gustos de su tiempo.
Por eso el público lo siguió y lo mitificó. Probablemente,
como hemos advertido, escribió con mayor celeridad de la
recomendable, por lo que junto a felicísimas creaciones,
como *Peribáñez, Fuente Ovejuna, El castigo sin venganza, El
villano en su rincón* y *El caballero de Olmedo,* se encuentran obras
mediocres o malogradas.

## 2. El teatro en tiempos de Lope de Vega

A la comedia española del siglo XVII se la llama *nueva* para diferenciarla de la *comedia clásica* o *antigua,* elaborada en Grecia y Roma según unos cánones muy estrechos y precisos, fijados por una dilatada tradición creadora y por las teorías de retóricos, preceptistas y autoridades tales como Aristóteles u Horacio. Las normas pretendían sojuzgar el genio creador para que alcanzase resultados de racionalidad y buen gusto, e imponer unos mínimos criterios sobre la unidad de la obra, el tratamiento del tema, el desarrollo de la acción, los cauces propios del género elegido, etc. Se buscaban, de este modo, el equilibrio, la mesura, la racionalidad y el imperio de la lógica en el resultado artístico.

### 2.1. Conculcación de las normas

El calificativo de *nueva* indica la liberación de la comedia de aquellos antiguos dictados, sustituidos por las exigencias del moderno gusto popular. La *comedia nueva* fue creada por Lope de Vega y seguida (y consolidada, por tanto) por otros genios de la pluma como Guillén de Castro, Mira de Amescua, Ruiz de Alarcón, Vélez de Guevara, Tirso de Molina, Calderón de la Barca, Rojas Zorrilla, Moreto, etc. Todos ellos fueron sensibles al favor del público y procuraron halagarlo y divertirlo con sus creaciones, ofreciéndole justamente el espectáculo que mejor podía entretenerlo, de manera que, en la polémica sobre si seguir o no a los clásicos, se optó por supeditar la observancia de los preceptos artísticos a la consecución de obras con historias creíbles, aun a costa de desentenderse de algunas de aquellas reglas.

El nuevo ideal de verismo y naturalidad aconsejaba a los dramaturgos combinar los géneros («mezclamos la sentencia trágica / a la humildad de la bajeza cómica», escribió Lope en su *Arte Nuevo*) y desoír así el principio del respeto a la unidad genérica, lo que produce obras mixtas, ni comedias ni tragedias puras, lo mismo que se enriquece la acción única del teatro griego con otra u otras paralelas a la principal, aunque todas ellas engarzadas en un propósito común que se justificará en el desenlace, cuando se reúnan todos sus protagonistas y se resuelvan los diversos conflictos en que se manifiesta el tema único que la preside, conculcándose la norma que dictaba la unidad en la acción. También se infringen las exigidas unidades de tiempo (esto es, que el tiempo interno de la obra no sobrepasase los límites de un día) y de lugar (un mismo espacio en toda la representación) para satisfacer la demanda popular de mucha acción y de desarrollo verosímil de las historias con todas sus peripecias, imposible de satisfacer con las rígidas órdenes clasicistas. (Véase el documento núm. 1.)

Otras novedades de la *comedia nueva* son la división en tres jornadas (consecuentes con la estructura de planteamiento, nudo y desenlace), en lugar de los cinco actos habituales, y la polimetría, es decir, el uso de diversos tipos de versos en una misma obra. El hecho de que la comedia utilice como vehículo expresivo el verso obliga a hacer dos consideraciones. En primer lugar, debemos explicar que la obra teatral está concebida como un largo poema dramático y, por eso, debe emplear el verso —unos tres mil por obra—, aparte de otros recursos propios de la poesía: el estilo complejo de la lírica, la alusión mediante símbolos a la acción, la inclusión de cantares y composiciones de corte tradicional que o bien dotan de color local a la acción —así, por ejemplo, el canto de canciones de siega o de recolección de frutos crea ambiente campesino en dramas rurales—, o bien glosan, destacan o sintetizan la idea esencial de la obra, reiterada con ligeras variantes a modo de variaciones musicales sobre un mismo tema. En segundo lugar, conviene advertir que en la comedia se emplea la polimetría (la variación métrica) de acuerdo con unos criterios poco severos, pero que obligan al dramaturgo. La situación dramática, la índole del personaje o el tipo de acción exigían una modalidad de verso concreto; lógicamente a una acción sublime corresponde la majestuosidad del verso largo —el endecasílabo—, combinado en tercetos, por ejemplo; a otra más liviana le va mejor el octosílabo; para relatar al espectador avatares sobrevenidos a los personajes fuera del escenario era adecuado el romance, vehículo habitual para contar historias desde el siglo XV. El uso había consagrado metros y estrofas para determinados temas, y tal costumbre condiciona lógicamente el teatro barroco, pues el oído del espectador estaba preparado para distinguir musical o rítmicamente diversas modalidades expresivas; de ahí que Lope de Vega recomiende en el citado *Arte Nuevo* las octavas reales para secuencias elegantes, las redondillas para el diálogo amoroso, las décimas para expresar quejas, el soneto para breves situaciones de espera, los tercetos para asuntos graves o para exponer doctrina, etc.

## 2.2. *Los temas*

Los temas de las comedias son también muy variados: la historia, antigua y media, y la leyenda que refiere episodios políticos atractivos; las narraciones bíblicas, las biografías de santos y las leyendas piadosas; los asuntos novelescos tomados de relatos renacentistas o de cuentos folclóricos o leyendas locales; los temas refinadamente pastoriles, caballerescos y mitológicos; los estrictamente líricos, inspirados en breves composiciones y cantares tradicionales; las costumbres contemporáneas...; pero sobre todo fueron los enredos amorosos los que más frecuentemente se llevaron al escenario. Con una simple o complejísima intriga y una pareja de jóvenes que ven obstaculizado su proyecto amoroso por terceras personas se divertía al espectador y el escritor sensible tenía ocasión de verter exquisitos conceptos sobre el sentimiento amoroso.

El tema amoroso, y también otros, lleva aparejado irremediablemente el del honor, de extraordinario rendimiento dramático. Los protagonistas de la comedia suelen ser caballeros esforzados y virtuosos que merecen la admiración de sus compañeros, amigos, sirvientes... Reúnen diversas virtudes, tales como la valentía, la entereza, la lealtad, la honestidad, un comportamiento ejemplarmente cristiano. El honor es una opinión de la que gozan, ese prestigio social que da no sólo la propia conducta, sino la cuna, de tal modo que el caballero hereda la virtud con la sangre, según se pensaba entonces; se creía que sólo el noble podía gozar del honor, y no el advenedizo, el heredero de conversos ni el plebeyo. (Eso no significa que no se encuentren galanes de mala catadura, aviesos y traidores, que engrandecen por contraste al verdadero caballero.) El sentimiento del honor expresaba así una manifestación de admiración a quienes forman parte de las clases superiores, y es exponente del respeto sentido por las diferencias sociales.

Es conveniente que el lector no familiarizado con la literatura áurea no vaya a confundir los conceptos de *honor* y *honra*, tantas veces superpuestos y coincidentes, aunque de naturaleza diversa. El honor es una virtud objetiva, heredada, mientras que la honra es subjetiva —la conceden los demás— y ganada por quien la merece con sus virtuosas acciones. Gustavo Correa distinguió la *honra vertical*, la recibida en el nacimiento por producirse éste en una familia distinguida y de abolengo, de la *honra horizontal*, la fama o la reputación de la que uno goza gracias a la opinión de los demás. El caballero, por el mero hecho de serlo, ya disfrutaba del honor, que podía ser incrementado con la virtud propia. El honor constituía parte del patrimonio heredado a través de la sangre y se fundamentaba en la virtud de los antepasados, especialmente por el hecho de no haberse mezclado jamás con judíos ni musulmanes.

Tanto el honor como la honra se equiparan a la vida, de forma que la deshonra es como la muerte; el individuo afrentado debe recuperar su honor mediante la venganza en forma de duelo o desafío. Los modos con que se merma o se pierde la estimación están codificados: acciones condenables, la cobardía, la bofetada no respondida, la infidelidad de la esposa, el incumplimiento de la palabra dada de casamiento..., todo esto requiere el desafío justo —correspondiente al tipo de ofensa (pública o privada, según la naturaleza de la misma)—, inmediato y universal, es decir, que sólo se detiene ante el rey o el príncipe.

El tema del honor era una convención literaria, dejando aparte su significado como valor cultural y social —están documentados muchos casos reales de duelo por honor en la centuria del Seiscientos—, que permitía al escritor inventar tramas de una enorme tensión dramática, enriquecer la acción con episodios y lances, variar o modular actitudes y personalidad del protagonista ante los conflictos de este tipo y acabar con desenlaces graves y funestos que conmocionaran al espectador. La honra se comportaba a menudo como una especie de *destino* o *fatum* que obligaba a los hombres y los conducía a la destrucción (pues se veían envueltos en cuestiones de honor por razones ajenas a su propia conducta —piénsese, por ejemplo, en la falta de responsabilidad personal en el marido deshonrado por la infidelidad de la esposa—) o engrandecía la acción trágica.


2.3. *Los personajes*

Como se ha escrito tantas veces, la comedia barroca es predominantemente de acción, y no de caracteres o de personajes; es decir, no se busca tanto la creación de psicologías personales muy marcadas y precisas como la de tramas, intrigas y conflictos dramáticos bien organizados y justificados en el desenlace hasta en sus más accesorios o secundarios componentes, a la luz del tema general de la obra, que ilumina, al mismo tiempo, algún aspecto de la condición humana o de las relaciones sociales. Por tanto, las obras no suelen disponer, salvo excepciones, de protagonistas de perfiles psicológicos muy definidos y manifestados sutilmente en la acción; el personaje normalmente es más bien un factor de acción, y está formalizado según sea su función, muy estereotipada, por otra parte.

Predominan las comedias protagonizadas por un *galán* —caballero gallardo, bien plantado, héroe valeroso, idealista, cautivador y tierno amante— y una *dama* —versión femenina del anterior, del que sólo la diferencia su gran capacidad para atraer al varón y enredarlo en sus planes—, a los que se encomienda la aventura amorosa. La pareja va acompañada por unos criados que ayudan desinteresada y lealmente a sus amos: el *donaire* o *gracioso*, compañero del caballero, que salpica sus intervenciones con chistes y comentarios donosos y contrasta como contrafigura del amo por su visión pragmática de la vida, sus pasiones primarias, la glotonería y la cobardía; la *criada* de la dama, por su parte, sirve para que ésta le manifieste propósitos y graduaciones de su sentimiento hacia el galán, y se informe así el espectador; los dos criados, por su parte, acaban viviendo muchas veces una aventura paralela a la de sus señores. Habitualmente participa el *padre* o un *hermano* de la muchacha, al que está encomendada la vigilancia del honor familiar, y que participará decididamente en la reparación, si éste sufre alguna merma. En la acción pueden intervenir otros *caballeros* que disputan al héroe el amor, o bien otras *damas*, de manera que se enredan las historias sentimentales —como sucede, por ejemplo, en las intrigas complejísimas de Ruiz de Alarcón—. A veces aparecen los *reyes* en una acción secundaria y con una función restablecedora del orden quebrado, a modo de dioses en la tierra, que acaban premiando o castigando conductas y desvíos y estableciendo la justicia poética, de la que luego hablaremos.

### 2.4. *El lugar teatral y el espectáculo*

El espectador del Seiscientos podía asistir a representaciones teatrales no sólo en los locales destinados a ese efecto (los llamados *corrales de comedias*), sino también en palacio —caso de los cortesanos y los reyes—, pues existían lugares adecuados para dar funciones como el Salón Dorado del Alcázar de Madrid, en los patios de las Casas del Tesoro, junto al Juego de Pelota, en un teatro portátil instalado en el palacio de Aranjuez, en el Coliseo del Buen Retiro, o incluso en su estanque, en donde alguna vez se montaron espectáculos grandiosos. Los autos sacramentales y las piezas religiosas se representaron en las plazas de pueblos y ciudades, conventos e iglesias. También se daban funciones en casas particulares de importantes señores. Pero el lugar teatral por excelencia fue el *corral de comedias*, cuya explotación comercial estaba encomendada a cofradías dedicadas a la beneficencia, que obtenían sus recursos económicos del teatro: así existieron en Madrid la de la Pasión y la de la Soledad, y surgieron los primeros *corrales*, como el de la calle del Sol, el del Príncipe, el de la Pacheca, el de la Cruz, etc.

Tales *corrales* fueron, en un principio, los formados por los patios de las casas, en cuya parte central se instalaban, de pie, los espectadores más populares —los *mosqueteros*, ruidosos y fácilmente irritables—, mientras que las ventanas y balcones eran aprovechados a modo de palcos para acomodarse las gentes adineradas; las mujeres ocupaban una galería —la *cazuela*— situada en frente del escenario.

Como se puede deducir, al espectáculo asistía todo tipo de

público, procedente de cualquier clase social, aunque sin mezclarse, pues unos y otros ocupaban lugares distintos y accedían al lugar por puertas diversas, según fuera su fortuna, aunque compartían todos las creencias fundamentales, por lo que el teatro se convirtió en lugar de recreo y de comunión ideológica.

La función teatral, tan distinta a nuestras ordenadas y elegantes representaciones actuales, se iniciaba en las horas centrales del día para aprovechar la luz natural, y constaba muchas veces de varios espectáculos. En ocasiones el espectador asistía a una verdadera fiesta, iniciada con una loa —piececilla en verso con la que se captaba su atención y beneplácito, pues era fundamentalmente un elogio directo del público presente—, a la que seguían los casi mil versos de la primera jornada de la comedia, luego un entremés regocijante, la segunda jornada, otro entremés o un baile, la tercera jornada, y se cerraba con un fin de fiesta o mojiganga, lo que satisfacía la avidez de acción propia de aquellos espectadores.

La representación en los *corrales* era muy sobria y sin apenas escenografía ni decoración, por lo que son los propios personajes quienes indican en sus parlamentos el lugar de la acción, y debe ser la imaginación del espectador la que sitúe los hechos en escenarios igualmente imaginarios. En el teatro palaciego, en cambio, no se escatimaban esfuerzos, hasta el punto de que, en tiempos de Calderón, se encomendaba a técnicos italianos el montaje de soberbios y fastuosos espectáculos.

3. Conceptos previos para una lectura
de *El caballero de Olmedo*

Sobre el espectador coetáneo de Lope de Vega pesaban varias cuestiones que el lector actual debe conocer previa-

mente a su lectura; la recepción del espectáculo estaba
condicionada por unas convenciones tales como las relativas
al género literario, el exigido desenlace dictado por la
justicia poética y el recuerdo de *La Celestina,* claves sobre las
que daremos una sucinta información que ayude a enriquecer la lectura. Completaremos esto con algunos datos acerca
de las fuentes que inspiraron la tragicomedia y su fecha de
creación.

### 3.1. El género: la tragicomedia

Como anteriormente se advirtió, Lope de Vega creó su
*comedia nueva* quebrantando las exigencias que los escritores y
preceptistas clásicos habían dictado para el arte literario. Ya
se sabe que una de ellas obligaba a la separación tajante
entre los géneros dramáticos, de manera que la obra bien
debería configurarse como *tragedia* («una imitación de hombres esforzados», tal como la definía Aristóteles), bien como
*comedia* («una imitación de hombres inferiores»). Éste y otros
conculcamientos de las normas y preceptos se fundamentan
en el propósito del *Fénix* de «alcanzar el natural», esto es,
lograr la verosimilitud e imitar la vida, en la que no se
presentan tales realidades estancas y rígidamente puras, sino
entremezcladas las sublimes con las grotescas. Un personaje
de *Lo fingido verdadero* afirma la dificultad que la observancia
de las normas presenta al arte naturalista:

> he visto
> que los que miran en guardar el arte
> nunca del natural alcanzan parte.

La *comedia nueva* hace intervenir en el escenario a personajes elevados como el rey, los poderosos, la nobleza (protagonistas de la tragedia), junto a los humildes, la plebe, los
criados y sirvientes (habituales actores de la comedia);

igualmente alternan tonos, acciones, desenlaces, formas y efectos (la dignidad de las acciones sublimes y heroicas, que suscitan en el espectador la admiración, el horror, la conmiseración y la consecuente purificación —la *catarsis*—, junto a la risa provocada por lo ridículo y lo trivial; las formas más cultas conviven con las populares; las muertes de los héroes o antihéroes se insertan antes o después de pasajes cómicos o amables).

Ya la segunda versión de *La Celestina* se llamó *tragicomedia*, el mismo término que define a *Peribáñez* y *El caballero de Olmedo*, si bien no faltan los marbetes de *comedia* para referirse a obras de idéntico carácter mixto, como *Fuente Ovejuna*.

La tragicomedia es un híbrido típicamente barroco: «monstruo cómico» y «otro Minotauro de Pasife» la llama Lope de Vega (*Arte Nuevo*, vv. 150 y 176 respectivamente); de «monstruo dramático» la califica Cascales.

*El caballero de Olmedo* es una de esas obras mixtas: sus constituyentes trágicos (la gravedad del asunto principal, el final funesto, la presencia del rey y de caballeros como don Alonso, la verdad de la acción atestiguada por un cantar tradicional y conocido, etc.) alternan con los cómicos (episodios como las regocijantes clases de latín impartidas por el gracioso, la presencia de personajes plebeyos, como Tello o Fabia, etc.).

Si en el prólogo a *El castigo sin venganza* escribió Lope de Vega que su tragedia «está escrita al estilo español, no por la antigüedad griega y severidad latina, huyendo de las *sombras, nuncios* y *coros*», *El caballero de Olmedo* parece reunir todos esos ingredientes señalados como definitorios de la tragedia clásica, aun cuando en realidad sean meras notas exteriores y secundarias del género. Por consiguiente, estamos en esta obra ante una tragedia o tragicomedia, con muchos de los ingredientes clásicos del género y los elementos espurios introducidos por el Barroco.

## 3.2.  La justicia poética

Aunque en la vida real los hombres pérfidos y bellacos
triunfan frecuentemente y los bondadosos y virtuosos no
siempre alcanzan el éxito, en la literatura del Siglo de Oro
se castiga o se premia según haya sido el comportamiento de
los personajes; a una conducta loable corresponde un final
feliz, en el que se la recompensa, mientras que a la vituperable se la castiga. Son galardones la boda y la consecución de
lo perseguido o ambicionado; son sanciones la muerte, la
frustración o el malogramiento del matrimonio pretendido.
A. A. Parker, en un agudo trabajo (véase el documento
núm. 4), ha establecido la subordinación del tema de estas
obras barrocas a un propósito moral, manifestado a través
del principio de la justicia poética, un desenlace sacraliza-
dor o sancionador, que explica la causalidad dramática de los
diversos incidentes y peripecias de que consta la comedia.
Asimismo ha observado la relación que guarda este criterio
de la justicia poética con la quiebra de la unidad genérica en
la *comedia nueva,* y es que una simple comedia puede terminar
mal, con desenlace funesto, como la tragedia, por tener el
autor que castigar ciertos pecados graves cometidos por
alguno de los protagonistas o puede interrumpir un final
funesto en una tragedia para premiar un comportamiento;
en nuestra tragedia no hay caprichoso azar que conduce al
desenlace terrible, sino conductas responsables que lo merecen; si el personaje sucumbe, se debe a sus propias acciones
exclusivamente. (No disponemos de espacio suficiente para
hacer algunas matizaciones a esta tesis, aunque no podemos
dejar de observar que el frecuentador de Lope de Vega
aceptará que no era escritor amigo de finales trágicos.) Es
muy conveniente que el lector de *El caballero de Olmedo* tenga
presentes estas consideraciones: si la obra tiene un final
adverso, habrá que estar atento al comportamiento del

protagonista para detectar cuáles han podido ser sus errores, que se reparan en el desenlace.


### 3.3. Inspiración y fuentes de «El caballero de Olmedo»

Hasta Lope de Vega, entusiasta admirador de las canciones populares, llegó una copla tradicional que literalmente decía:

> Esta noche le mataron
> al caballero,
> a la gala de Medina,
> la flor de Olmedo.

Era una cancioncilla que aludía a un luctuoso suceso ocurrido en tierras castellanas (véase el documento núm. 2). Como tantas otras veces, el *Fénix* quedó cautivado por un poema popular y se sirvió de él como punto de partida para escribir una tragedia magistral. La seguidilla recoge el desenlace de una historia de la que se desconocen sus principales aspectos: la muerte violenta e ignominiosa de un galante y agraciado caballero, propiciada por las rivalidades de dos pequeñas villas vecinas. La copla facilita el conflicto y su desenlace (la tragedia, la nocturnidad, el protagonista, la rivalidad); había que crear unos personajes y una trama que justificara esos versos, y enmarcar la historia en una época pretérita. Ya habían precedido a Lope en esta labor varios bailes dramáticos muy populares a principios del Seiscientos (véase el documento núm. 3).

Lope se inspiró en tales versos e inventó los sucesos que hacían posible la existencia del cantar, cantar incorporado en el momento de mayor tensión dramática y glosado parcialmente alguna vez en el texto de *El caballero de Olmedo*. Elige como marco histórico el reinado de Juan II, que le

resultaba conocido a través de las Crónicas, y crea un
conflicto amoroso que enfrenta a dos caballeros por el amor
de una mujer.

No puede hablarse propiamente de que el cantar popular
fuera la fuente de la comedia, sino más bien su pretexto o su
motivo de inspiración, completado con otras noticias, litera-
rias más que históricas, del mismo suceso.

Tal vez sea oportuno llamar la atención del lector sobre
los rasgos que tan breve composición aportaba al creador de
la *comedia nueva*: no se trata sólo de los ingredientes aludidos
(tragedia, nocturnidad, protagonista, rivalidad) sino, además, de la oposición entre realidades antitéticas como son la
vida y la muerte, la plenitud y la frustración. En el mismo
cantar, como agudamente observaron Francisco Rico y
Diego Marín, está el enfoque trágico del asunto.

Hoy probablemente conocemos con mayor exactitud que
Lope el suceso del que nació el cantar. ¿Qué había ocurrido?
El 6 de noviembre de 1521 regresaba de Medina del Campo
el regidor de Olmedo, Don Juan de Vivero, acompañado de
su fiel mayordomo. El caballero pertenecía a la Orden de
Santiago y se había distinguido por participar en empresas
memorables al lado de las tropas imperiales en Tordesillas y
Villalar. Aquella noche le salió al encuentro Miguel Ruiz,
un convecino con el que había mantenido antiguas diferencias y al que parece que había afrentado. Miguel, instigado
por su madre y acompañado de varios amigos, tomó venganza matando al regidor y a su criado, se refugió en el
monasterio de La Mejorada, adonde acudieron deudos y
conocidos del muerto, y de allí logró escapar disfrazado de
fraile. Según parece, embarcó posteriormente para América,
donde tomó los hábitos y vivió hasta 1590. A pesar de las
gestiones realizadas por la viuda, Doña Beatriz de Guzmán,
el hecho no quedó suficientemente reparado.

Y de esos sucesos, recogidos por fray Antonio de Aspa en
su manuscrita *Historia de La Mejorada,* conservada en la

Biblioteca de la Real Academia de la Historia, y transcritos en otras varias obras, surgió la leyenda, con algunas modificaciones erróneas de ciertos datos, y brotaron tal vez un romance y una canción, de la que llegó un fragmento al *Fénix*. Aunque de la existencia del romance no tenemos constancia, Francisco Rico ha inferido de diversos indicios la plausible hipótesis de que existió: debió de estar centrado en la muerte de Don Juan, y atribuía erróneamente la muerte del caballero a gentes de Medina. El romance debió de llegar a Lope, por lo que su obra incurre en idéntica e importante modificación del suceso de 1521.

También la seguidilla surgió de la leyenda castellana o, tal vez, de un baile dramático que sobre el mismo tema existió a principios del siglo XVII. Tal baile versaba sobre este mismo tema y, aunque no se conserva su original, han llegado hasta nosotros varias versiones derivadas del primitivo. Rico cree que la copla nació a principios del siglo XVII, y afirma convincentemente que era una canción de danza destinada al baile, pues Covarrubias lo citó entre otras danzas.

En 1606 se escribió un drama titulado *El caballero de Olmedo o la viuda por casar*, publicado unos años más tarde en un tomo de comedias, que nada tiene en común con la homónima de Lope de Vega; ésta debió de escribirse inspirándose en la leyenda y, sobre todo, en el baile teatral y en la seguidilla: «La influencia más importante, sin embargo —afirma Diego Marín—, en la concepción dramática de la obra fue el cantar popular, cuyo patético contraste de vida y muerte, de luz y sombra, prende en la inspiración de Lope y le sirve de motivo básico». Varias veces incorporó Lope el cantarcillo a textos suyos (versiones a lo divino se insertan en el *Auto del pan y del palo* y en el *Auto de los Cantares*; como cantar de negros aparece en *El santo negro Rosambuco*; además figura en *El caballero de Olmedo*).

La leyenda y el cantar prestan a la obra una credibilidad

de acontecimiento probablemente ocurrido en la realidad, de forma que *El caballero de Olmedo* adquiere así otro de los rasgos típicamente trágicos, según la concepción antigua, como es el de referirse su acción a sucesos reales.

### 3.4. Las huellas de «La Celestina»

Sobre el espectador o el lector de *El caballero de Olmedo* se proyecta la memoria de *La Celestina* tan pronto se inicia la representación o la lectura: en seguida nos topamos con una alcahueta que propiciará los amores de dos jóvenes con sus malévolos conjuros y artes de brujería, y a quien se pagará con una cadena, como en la famosa tragicomedia de Fernando de Rojas; la entrada de Fabia en escena es semejante a la aparición de la vieja en la tragicomedia; el final funesto, enunciado en el cantar, la desgracia del protagonista, son conocidos de antemano; Don Alonso queda identificado con Calisto y Doña Inés con Melibea (vv. 1003-1004). Y el espectador se preguntará: ¿cometerán los mismos errores que aquellos otros amantes?

Todos estos extremos llevan a pensar al receptor de la obra si no estará ante otra como *La Celestina*, hecha para advertir a los locos enamorados que pierden el buen juicio en el apasionamiento amoroso. Tal vez como en la pieza de Rojas pueda estarse ante «avisos muy necesarios para mancebos, mostrándoles los engaños que están encerrados en sirvientes y alcahuetes»; el espectador sospecha si se tratará de un homenaje a tan notable drama... Ya veremos qué puede haber de cierto en estos barruntos; por el momento, téngalos en cuenta el lector, al igual que actuarían como *pre-juicios* en el espectador contemporáneo de Lope, y esté atento a los heterodoxos comportamientos de los personajes que puedan justificar o explicar tan adverso desenlace.

### 3.5. Don Alonso, prototipo de caballero

Algo distingue *La Celestina* de la tragicomedia de Lope: don Alonso, a diferencia de Calisto, es un perfecto caballero (*el caballero* dice el cantar), un prototipo de noble que compendia todas las virtudes tópicas que adornaban la sangre aristocrática: es un hombre intachable, bien nacido, honesto —persigue unirse en boda con la muchacha y no unos amores ilegítimos—, valiente y osado (no se arredra ante ningún tipo de amenaza ni de peligro), dotado de un extraordinario afán aventurero y amor al riesgo, rico, leal, virtuoso, sensible amante, cristiano cumplidor, admirado por las damas y envidiado por otros galanes, distinguido por el rey... Es, insistimos, el caballero modélico, tal como exigía la copla inspiradora de la pieza:

> el caballero,
> la gala de Medina,
> la flor de Olmedo.

Sin embargo, según el principio descrito de la justicia poética, la frustración de su matrimonio y la muerte indican que algo condenable existirá en su comportamiento, pues no ha recibido el galardón correspondiente a su virtud. Su muerte —desenlace fatídico también exigido por el cantar— será bastante ignominiosa, pues lo matarán a traición entre varios, con alevosía y nocturnidad, haciendo uso de armas de fuego; ni siquiera la dignidad del acero y el cara a cara...

### 3.6. Fecha de composición y edición

*El caballero de Olmedo* apareció por primera vez en 1641, en el volumen titulado *Veintiquatro parte perfeta de las comedias del Fénix de España, Frey Lope Félix de Vega Carpio... sacadas de sus verdaderos originales*. Aunque la edición fue póstuma, Lope la había escrito, al parecer, casi a los sesenta años, en 1620, pues ya en 1621 se incluye en *Primavera y flor de los mejores romances* uno perteneciente a *El caballero de Olmedo* (vv. 75 y siguientes), por lo que es de suponer que la comedia ya estuviese escrita en esa fecha: tal es la hipótesis de Montesinos, Blecua y Rico. Bruerton y Morley, los grandes especialistas en la cronología lopevenguesca, la sitúan entre 1620 y 1625, a juzgar por el uso que hace de la métrica. Socrate, por su parte, se inclina por los años 1621-1623, pues cree que los versos en que Inés comunica a su padre sus deseos de profesar en un convento están inspirados en las palabras con que Marcela, la hija, monja de Lope, informó al Fénix de haber tomado una decisión semejante. Por otra parte, antes de 1618 no se había escrito la tragicomedia, pues no la cita su autor en la lista que de sus obras incluye en *El peregrino en su patria*.

Parece, pues, que la obra es de esos años veinte, de la época de madurez artística de su autor, cuando había estrenado ya un millar de comedias. Hay que suponer que el tiempo transcurrido entre la creación y la publicación hubo de perjudicar grandemente al texto, que pasaría de mano en mano hasta llegar a las del editor, de modo que habrá no pocas alteraciones sobre el original lopevenguesco, a pesar de que estas llamadas *partes perfetas* procedían de manuscritos autógrafos o muy fidedignos y no de copias retocadas o mutiladas como las de las *partes extravagantes*.

# Bibliografía

Aubrun, Charles V.: *La comedia española (1600-1680)*, Madrid, Taurus, 1968. Puede ser útil su consulta como aproximación general al teatro barroco.

Lázaro Carreter, Fernando: *Lope de Vega. Introducción a su vida y obra*, Salamanca, Anaya, 1966. Es un espléndido y completísimo librito para acercarse el estudiante a la figura y al tiempo de Lope de Vega.

Rey Hazas, Antonio: «Algunas precisiones sobre la interpretación de *El caballero de Olmedo*», *Edad de Oro*, V (1986), pp. 183-202. Artículo de lectura muy sugerente en el que se revisan críticamente las principales interpretaciones dadas a la comedia, se apuntan los aspectos más débiles de las mismas y se propone una nueva explicación de la muerte de don Alonso.

Rico, Francisco (dir.): *Historia y Crítica de la Literatura Española*, vol. III (Wardropper, B. W., *Siglo de Oro: Barroco*), Barcelona, Crítica, 1983, pp. 239-247, 259-265 y 347-351. En este manual se hallarán reunidos varios trabajos importantes sobre el teatro áureo. Recomendamos especialmente el de Wardropper sobre *La comedia española* y el de Parker, *Una interpretación del teatro español del siglo XVII*. Específicamente sobre *El caballero de Olmedo* versa el breve estudio de F. Rico, uno de los más agudos exégetas de la obra.

Rozas, Juan Manuel: *Significado y doctrina del «Arte Nuevo» de Lope de Vega*, Madrid, SGEL, 1976. Aunque en realidad es un estudio sobre el *Arte Nuevo*, el estudiante encontrará una caracterización muy completa y aguda, a pesar de su brevedad, del teatro lopeveguesco.

Ruiz Ramón, Francisco: *Historia del teatro español, I (Desde los orígenes hasta 1900)*, Madrid, Cátedra, 1979. Se trata de un manual sobre el teatro español, del que interesarán al lector las páginas dedicadas al Siglo de Oro y particularmente a Lope de Vega.

Zamora Vicente, Alonso: *Lope de Vega*, Madrid, Gredos, 1961. Escrito con los mismos criterios que el de Fernando Lázaro, constituye una buena introducción a la figura de Lope y a su obra.

Retrato de Lope de Vega. Grabado por Pedro Perret (1625).

VENTICVATRO
PARTE PERFETA
DE LAS COMEDIAS DEL FENIX
de España Frey Lope Felix de Vega Carpio del Abito de San
Iuan, Familiar del Santo Oficio de la Inquisicion, Pro
curador Fiscal de la Camara
Apostolica.

SACADAS DE SVS VERDADEROS ORIGINALES,
no adulteradas como las q̃ e hasta aq̃ u han salido.

A DON BERNARDO DE VELASCO Y ROIAS,
Secretario del Secreto del Santo Oficio de la Inquisicion
del Reyno de Aragon.
66

Año          1641.

CON PRIVILEGIO.
EN ZARAGOZA : Por Pedro Verges.

Facsímil de la *Venticuatro Parte Perfecta de las comedias del Fénix.*

Castillo de la Mota, en Medina del Campo.

Casa de Lope de Vega. Estrado de las damas.

Corrida de toros en la Plaza Mayor de Madrid.

Los actores Laura Conejero y Carmelo Gómez, en un momento de la representación de *El Caballero de Olmedo* por la Compañía Nacional de Teatro Clásico.

Las actrices Laura Conejero y Encarna Paso, representación moderna de *El Caballero de Olmedo* por la Compañía Nacional de Teatro Clásico.

# Nota previa

La obra, como ya se señaló, apareció una vez muerto su autor, en el volumen *Veintiquatro parte perfeta de las comedias del Fénix de España, Frey Lope Félix de Vega Carpio... sacadas de sus verdaderos originales* (Zaragoza, Pedro Vergés, 1641); en su lectura se detectan erratas y errores abundantes, lo que confirma que, a pesar de ser *parte perfeta,* sufrió múltiples transformaciones, inaceptables, desde que salió de manos del dramaturgo hasta llegar a las del editor. Aquí se reproduce este texto y se modifica de acuerdo con lo que han hecho otros autorizados editores modernos como Hartzenbusch, Pérez, Rico, Profeti, Prieto... Siguiendo las orientaciones de la colección, no planteo los problemas textuales, y sólo presento las soluciones a los mismos, sin aclararlos ni justificarlos, lo que me obliga a expresar mi deuda con cuantos editores modernos me han precedido en la tarea de fijar el texto más próximo a Lope de Vega.

De acuerdo con los criterios editoriales de esta colección, se han respetado en su forma original cuantas expresiones tienen valor lingüístico, tales como la vacilación vocálica, la simplificación de grupos consonánticos y algunas formas verbales propias de la lengua clásica. También se mantienen los contractos del tipo *destos, dél,* etc. Por otra parte, se ha modernizado el uso de la puntuación y la ortografía de acuerdo con las normas actuales.

# EL CABALLERO DE OLMEDO
## Tragicomedia

# ACTO PRIMERO

## PERSONAS DEL ACTO PRIMERO:

Don Alonso
Don Rodrigo
Don Fernando
Don Pedro
Doña Inés
Doña Leonor
Tello
Ana
Fabia

*Sale don Alonso.*

ALONSO.        Amor, no te llame amor
el que no te corresponde,
pues que no hay materia adonde
[no] imprima forma el favor. [1]
Naturaleza, en rigor,             5
conservó tantas edades
correspondiendo amistades, [2]
que no hay animal perfeto [3]
si no asiste a su conceto [4]
la unión de dos voluntades.        10
    De los espíritus vivos
de unos ojos procedió
este amor que me encendió
con fuegos tan excesivos.
No me miraron altivos,            15
antes, con dulce mudanza,
me dieron tal confianza,
que, con poca diferencia,
pensando correspondencia,

---

[1] Se aplican al amor las ideas aristotélicas del hilemorfismo, según las cuales la materia sólo existe si la forma la actualiza. Ya en *La Celestina* aparecía el tópico de que la materia es la mujer y la forma el hombre.   [2] Se ha expresado la idea platónica de que el amor es el principio de cuanto vive, el que causa la generación y garantiza la pervivencia.   [3] *perfeto*: perfecto. Es frecuente en la lengua literaria del Siglo de Oro la simplificación de los grupos consonánticos del tipo de *ct*, como aquí. En adelante, no se advertirán expresamente estos fenómenos, salvo que puedan producir dificultad de intelección.   [4] *conceto*: concepto (concepción, generación).

engendra amor esperanza.                                20
   Ojos, si ha quedado en vos
de la vista el mismo efeto,
amor vivirá perfeto,
pues fue engendrado de dos;
pero si tú, ciego dios, [5]                              25
diversas flechas [6] tomaste,
no te alabes que alcanzaste
la vitoria, que perdiste
si de mí solo naciste,
pues imperfeto quedaste. [1]                             30

*Salen Tello, criado, y Fabia.*

FABIA.              ¿A mí, forastero? [7]

---

[5] *ciego dios*: Cupido, que dispara sus flechas insensatamente porque no ve, al tener los ojos tapados, tal como se le representa.  [6] *flechas*: Cupido dispara indistintamente flechas de oro, que inspiran en el herido el amor, o de plomo, que despiertan el odio en el flechado.  [7] Después de las tres décimas iniciales, el dramaturgo selecciona las redondillas como molde métrico más adecuado para el diálogo.

~~~~~~~~~~~~~~~~~~~~~~~~~~~~~~~~~~~~~~~~~~~~~~~~~~~~~~~~~~~~~~~~~~~

(1) El monólogo de don Alonso, a lo que se verá más tarde, es importante para el desarrollo de la tragicomedia: esta declaración de doctrina amorosa y primera información sobre la pasión del caballero está estructurada en tres partes perfectamente equilibradas, cuyos contenidos conviene no olvidar; los vv. 1-10 establecen que el amor sólo es perfecto cuando es correspondido y que la vida sólo se mantiene gracias al amor —más tarde, paradójicamente, ese amor será la causa de la muerte del galán—; en los vv. 11-20, don Alonso aclara que fue la mirada de la muchacha lo que le atrajo de ella, lo que inspiró la esperanza de que será aceptado y ha encendido un amor febril y desmedido —téngase presente la alusión al fuego, muy relevante como luego se comprobará en **24**—; los vv. 21-30 expresan la incertidumbre de que el amor quede imperfecto si la muchacha no ha recibido idéntica llamada de Cupido.

TELLO.                          A ti.

FABIA.        Debe de pensar que yo
              soy perro de muestra.

TELLO.                          No.

FABIA.        ¿Tiene algún achaque?

TELLO.                          Sí.

FABIA.        ¿Qué enfermedad tiene?

TELLO.                          Amor.          35

FABIA.        Amor, ¿de quién?

TELLO.                          Allí está:
              y él, Fabia, te informará
              de lo que quiere mejor.

FABIA.        Dios guarde tal gentileza.

ALONSO.       Tello, ¿es la madre? [8]

TELLO.                          La propria. [9]      40

ALONSO.       ¡Oh, Fabia! ¡Oh, retrato; oh, copia
              de cuanto naturaleza
              puso en ingenio mortal!
              ¡Oh, peregrino dotor
              y para enfermos de amor                45
              Hipócrates [10] celestial! [(2)]
              Dame a besar esa mano,

---

[8] *madre*: apelativo cortés con que se designaba a las ancianas, sin que ello indique ningún parentesco.   [9] *propria*: aunque la grafía mantiene el grupo consonántico etimológico, la rima con *copia* indica su pronunciación simplificada.   [10] *Hipócrates*: fue el más célebre médico de la Grecia clásica.

~~~~~~~~~~~~~~~~~~~~~~~~~~~~~~~~~~~~~~~~~~~~~~~~~~~~~~~~~~~~~~~~~~~~

(2) Atiéndase al recibimiento que don Alonso tributa a la vieja Fabia, tan en la línea de *La Celestina*. No se desatienda que Fabia, desde el principio, es considerada en su función de doctora adecuada para tratar la 'enfermedad' del amor. Otras similitudes con la tragicomedia de Rojas serán el encargo a la vieja de llevar mensajes a Inés, pagar su servicio con una cadena, el recurso a la hechicería, la promesa al criado de facilitarle una compañera, etc.

|              | honor de las tocas, [11] gloria |    |
|--------------|---------------------------------|----|
|              | del monjil. [12]                |    |
| FABIA.       | La nueva historia               |    |
|              | de tu amor cubriera en vano     | 50 |
|              | vergüenza o respeto mío,        |    |
|              | que ya en tus caricias [13] veo |    |
|              | tu enfermedad.                  |    |
| ALONSO.      | Un deseo                        |    |
|              | es dueño de mi albedrío.        |    |
| FABIA.       | El pulso de los amantes         | 55 |
|              | es el rostro. Aojado [14] estás.|    |
|              | ¿Qué has visto?                 |    |
| ALONSO.      | Un ángel.                       |    |
| FABIA.       | ¿Qué más?                       |    |
| ALONSO.      | Dos imposibles, bastantes,      |    |
|              | Fabia, a quitarme el sentido,   |    |
|              | que es dejarla de querer        | 60 |
|              | y que ella me quiera.           |    |
| FABIA.       | Ayer                            |    |
|              | te vi en la feria perdido       |    |
|              | tras una cierta doncella,       |    |
|              | que en forma de labradora       |    |
|              | encubría el ser señora,         | 65 |
|              | no el ser tan hermosa y bella;  |    |
|              | que pienso que doña Inés        |    |
|              | es de Medina la flor. [15]      |    |

---

[11] *tocas*: velos femeninos.   [12] *gloria del monjil*: gloria de quienes llevan tocas, de las mujeres mayores. El *monjil* era el traje negro, completado con tocas, característico de las ancianas.   [13] *caricias*: halagos.   [14] *aojado*: afectado de mal de ojo; también significa, en este caso, hechizado por los ojos y la mirada de Inés.   [15] La *flor de Medina* es Inés por su hermosura, como don Alonso lo es de Olmedo, como dice la canción tradicional. Las mujeres de Medina, por otra parte, tenían fama de ser muy hermosas, como atestigua un refrán recogido por Correas: «Cuando vieres mujer medinesa, mete a tu marido detrás de la artesa». Esto encarece más aún la belleza de Inés, que es la *flor* de la villa.

| | | |
|---|---|---|
| ALONSO. | Acertaste con mi amor; | |
| | esa labradora es | 70 |
| | fuego que me abrasa y arde. | |
| FABIA. | Alto has picado. | |
| ALONSO. | Es deseo | |
| | de su honor. [3] | |
| FABIA. | Así lo creo. | |
| ALONSO. | Escucha, así Dios te guarde. | |

    Por la tarde salió Inés [16]   75
a la feria de Medina,
tan hermosa, que la gente
pensaba que amanecía:
rizado el cabello en lazos,
que quiso encubrir la liga, [17]   80
porque mal caerán las almas
si ven las redes tendidas;
los ojos, a lo valiente,
iban perdonando vidas,
aunque dicen los que deja   85
que es dichoso a quien la quita;
las manos haciendo tretas, [18]
que, como juego de esgrima,
tiene tanta gracia en ellas

---

[16] Empieza un largo romance para relatar cómo conoció a la muchacha durante la feria y cómo ha quedado perdidamente enamorado de ella. (Este romance, con ciertas modificaciones, se publicó en 1621, en *Primavera y flor de los mejores romances*.) [17] *liga*: significa tanto 'cinta' como 'instrumento para cazar avecillas'. [18] *tretas*: movimientos en la esgrima.

(3) Importantes son las manifestaciones del caballero en el sentido de que su sentimiento no busca la satisfacción de un deseo amoroso ilícito, sino respetuoso con el honor de la muchacha. Extrémese la atención a otras expresiones posteriores (vv. 152-153, 176-178) que apuntan a lo mismo: dejar bien claro que pretende el amor honesto del matrimonio.

que señala [19] las heridas;                    90
las valonas [20] esquinadas
en manos de nieve viva,
que muñecas de papel
se han de poner en esquinas; [21]
con la caja [22] de la boca                    95
allegaba infantería,
porque, sin ser capitán,
hizo gente por la villa;
los corales y las perlas
dejó Inés, porque sabía                    100
que las llevaban mejores
los dientes y las mejillas;
sobre un manteo [23] francés
una verdemar basquiña, [24]
porque tenga en otra lengua                    105
de su secreto la cifra; [25]
no pensaron las chinelas [26]
llevar de cuantos la miran
los ojos en los listones, [27]
las almas en las virillas. [28]                    110
No se vio florido almendro
como toda parecía,
que del olor natural
son las mejores pastillas. [29]
Invisible fue con ella                    115

[19] *señala*: amaga o simula en la esgrima.    [20] *valonas*: cuello largo de tela.    [21] El sentido de estos versos, en opinión de F. Rico, es que Inés iba jugueteando con el extremo de las valonas, haciéndoles pliegues con las manos, que son blancas, como de papel, y, puesto que se colocaban en las esquinas las cédulas de papel con avisos y anuncios, allí deberían ponerse las muñecas de Inés.    [22] *caja*: tambor. El significado del pasaje es, pues, que con su boca atrae las miradas, como se solía reclutar soldados al sonido de los tambores.    [23] *manteo*: falda interior de paño.    [24] *basquiña*: falda exterior.    [25] *cifra*: clave.    [26] *chinelas*: zapatos.    [27] *listones*: cintas.    [28] *virillas*: cordones y adornos de los zapatos.    [29] *pastillas* que se quemaban para perfumar.

el amor, muerto de risa,
de ver, como pescador,
los simples peces que pican.
Unos le prometen sartas
y otros arracadas [30] ricas,　　　　　　120
pero en oídos de áspid [31]
no hay arracadas que sirvan;
cual a su garganta hermosa
el collar de perlas finas,
pero, como toda es perla,　　　　　　125
poco las perlas estima.
Yo, haciendo lengua los ojos,
solamente le ofrecía
a cada cabello un alma,
a cada paso una vida.　　　　　　130
Mirándome sin hablarme,
parece que me decía:
«No os vais, [32] don Alonso, a Olmedo,
quedaos agora en Medina».
Creí mi esperanza, Fabia;　　　　　　135
salió esta mañana a misa,
ya con galas de señora,
no labradora fingida.
Si has oído que el marfil
del unicornio santigua　　　　　　140
las aguas, [33] así el cristal
de un dedo puso en la pila.
Llegó mi amor basilisco, [34]
y salió del agua misma
templado el veneno ardiente　　　　　　145

---

[30] *arracadas*: pendientes.　[31] *áspid*: se creía que esta serpiente era sorda.
[32] *vais*: vayáis.　[33] Era creencia popular que el unicornio purificaba las aguas
con su cuerno.　[34] *basilisco*: animal fabuloso que mataba con su sola mirada.

que procedió de su vista.
Miró a su hermana, y entrambas
se encontraron en la risa,
acompañando mi amor
su hermosura y mi porfía.                    150
En una capilla entraron;
yo, que siguiéndolas iba,
entré imaginando bodas:
¡tanto quien ama imagina!
Vime sentenciado a muerte, [35]             155
porque el amor me decía:
«Mañana mueres, pues hoy
te meten en la capilla».
En ella estuve turbado:
ya el guante se me caía,                     160
ya el rosario, que los ojos
a Inés iban y venían.
No me pagó mal; sospecho
que bien conoció que había
amor y nobleza en mí;                        165
que quien no piensa no mira,
y mirar sin pensar, Fabia,
es de inorantes, y implica
contradición que en un ángel
faltase ciencia divina. [4]                  170

---

[35] Desde muy pronto aparecen los pronósticos adversos referidos a la muerte del caballero.

〰〰〰〰〰〰〰〰〰〰〰〰〰〰〰〰〰〰〰〰〰〰〰〰〰〰〰

(4) Según estas palabras (además de las que ya pronunció el personaje en los vv. 15-20 y 130-134), Inés inspira fundadas esperanzas al éxito del amor de don Alonso, por lo que sorprende que éste recurra a una hechicera para terciar en sus amores. Con vistas a descubrir el sentido de la obra, fíjese el lector en que es imprudente dar participación a una bruja en unos amores que

Con este engaño, en efeto,
le dije a mi amor que escriba
este papel; que si quieres
ser dichosa y atrevida
hasta ponerle [36] en sus manos,                    175
para que mi fe consiga
esperanzas de casarme
(tan honesto amor me inclina),
el premio será un esclavo
con una cadena rica,                    180
encomienda [37] de esas tocas,
de malcasadas envidia.

FABIA.       Yo te he escuchado. [38]

ALONSO.              Y ¿qué sientes?

FABIA.       Que a gran peligro te pones.

TELLO.       Excusa, Fabia, razones,                    185
si no es que por dicha intentes,
    como diestro cirujano, [39]
hacer la herida mortal.

FABIA.       Tello, con industria [40] igual
pondré el papel en su mano,                    190
    aunque me cueste la vida,
sin interés, porque entiendas

---

[36] *ponerle*: leísmo muy común en la lengua del Siglo de Oro; más tarde se repetirá en los vv. 196, 244, 289, 292, 371, 384, 459, etc.   [37] *encomienda*: distintivo de los caballeros pertenecientes a órdenes militares. El sentido del pasaje es que la cadena dignificará las tocas como la encomienda que lleva al pecho el caballero.   [38] Adviértase que se inicia una serie de redondillas. [39] Se decía que los médicos agravaban las heridas para después encarecer la curación.   [40] *industria*: maña.

parecen ser compartidos por los dos jóvenes y orientados, como se señaló, al matrimonio. Ninguna otra falla se encontrará en el comportamiento de los amantes que pueda justificar el funesto desenlace.

que, donde hay tan altas prendas,
sola yo fuera atrevida.
     Muestra el papel, que primero      195
le tengo de aderezar. [41]

ALONSO. ¿Con qué te podré pagar
la vida, el alma que espero,
     Fabia, de esas santas manos?

TELLO. ¿Santas?

ALONSO.          ¿Pues no, si han de hacer      200
milagros?

TELLO.            De Lucifer.

FABIA. Todos los medios humanos
tengo de intentar por ti,
porque el darme esa cadena
no es cosa que me da pena:      205
más confiada nací.

TELLO.       ¿Qué te dice el memorial?

ALONSO. Ven, Fabia, ven, madre honrada,
porque sepas mi posada.

FABIA. Tello...

TELLO.        Fabia...

FABIA.            No hables mal,      210
que tengo cierta morena
de extremado talle y cara...

TELLO. Contigo me contentara
si me dieras la cadena.

*Vanse, y salen doña Inés y doña Leonor.*

INÉS.       Y todos dicen, Leonor,      215
que nace de las estrellas.

---

[41] *aderezar*: se refiere a su intención de preparar el papel con un conjuro apropiado para el caso. (Téngase presente que Fabia, como Celestina, es una bruja que actúa, como después apuntará el gracioso —v. 201—, con ayuda del diablo.)

| | |
|---|---|
| LEONOR. | De manera que, sin ellas, |
| | ¿no hubiera en el mundo amor? |
| INÉS. | Dime tú: si don Rodrigo |
| | ha que me sirve [42] dos años,                    220 |
| | y su talle [43] y sus engaños [44] |
| | son nieve helada conmigo, |
| | y en el instante que vi |
| | este galán forastero, |
| | me dijo el alma: «Éste quiero»,                    225 |
| | y yo le dije: «Sea ansí», |
| | ¿quién concierta y desconcierta |
| | este amor y desamor? |
| LEONOR. | Tira como ciego Amor: [45] |
| | yerra mucho y poco acierta.                    230 |
| | Demás que negar no puedo |
| | (aunque es de Fernando amigo |
| | tu aborrecido Rodrigo, |
| | por quien [46] obligada quedo |
| | a intercederte por él)                    235 |
| | que el forastero es galán. [47] |
| INÉS. | Sus ojos causa me dan |
| | para ponerlos en él, |
| | pues pienso que en ellos vi |
| | el cuidado que me dio                    240 |
| | para que mirase yo |
| | con el que también le di. |
| | Pero ya se habrá partido. |
| LEONOR. | No le miro yo de suerte |
| | que pueda vivir sin verte. (5)                    245 |

---

[42] *servir*: cortejar.    [43] *talle*: figura, traza, disposición del cuerpo.    [44] *engaños*:
astucias amorosas.    [45] Recuérdese lo advertido en la nota 5.    [46] *quien*: Fernando.    [47] Leonor reconoce las cualidades que adornan a don Alonso.

(5)  Las palabras de Leonor se cargan de sentido irónico: aunque

*[Sale] Ana, criada.*

| | |
|---|---|
| ANA. | Aquí, señora, ha venido |
| | la Fabia... o la Fabiana. |
| INÉS. | Pues ¿quién es esa mujer? |
| ANA. | Una que suele vender |

para las mejillas grana [48]                 250
y para la cara nieve. [49]

| | |
|---|---|
| INÉS. | ¿Quieres tú que entre, Leonor? |
| LEONOR. | En casas de tanto honor |
| | no sé yo cómo se atreve, |

que no tiene buena fama; [6]                 255
mas ¿quién no desea ver?

| | |
|---|---|
| INÉS. | Ana, llama [50] esa mujer. |
| ANA. | Fabia, mi señora, os llama. |

*[Entra] Fabia con una canastilla.*

| | |
|---|---|
| FABIA. | Y ¡cómo si yo sabía |
| | que me habías de llamar! | 260

---

[48] *grana*: cosmético para colorear las mejillas.   [49] *nieve*: polvos para blanquear la cara.   [50] El complemento directo personal aparece muchas veces en el Siglo de Oro sin la hoy normativa preposición *a*. Otros casos encontraremos en los vv. 290, 375, 401, 425, etc.

literalmente expresan la duda de que Alonso haya sido capaz de abandonar el pueblo estando enamorado, la afirmación se vuelve un certero presagio del desenlace. En la obra hay palabras que se cargan de significado simbólico; así *ver* es *vivir, no ver* es *morir*.

(6) Fabia sigue bajo el modelo de *La Celestina*: al igual que la bruja de Fernando de Rojas, la condición de alcahueta de Fabia se solapa con la venta de cosméticos. También como aquella vieja, tiene la mala reputación a la que alude Leonor; no obstante, las muchachas —nueva imprudencia— permiten su indeseable presencia en casa tan honrada.

¡Ay! Dios os deje gozar
tanta gracia y bizarría, [51]
   tanta hermosura y donaire [52];
que cada día que os veo
con tanta gala y aseo          265
y pisar de tan buen aire,
   os echo mil bendiciones;
y me acuerdo como agora
de aquella ilustre señora
que, con tantas perfecciones,     270
   fue la fénix de Medina, [53]
fue el ejemplo de lealtad. [54]
¡Qué generosa piedad
de eterna memoria digna! [55]
   ¡Qué de pobres la lloramos!   275
¿A quién no hizo mil bienes?

INÉS.   Dinos, madre, a lo que vienes.

FABIA.  ¡Qué de huérfanas quedamos
   por su muerte malograda,
la flor de las Catalinas! [56]    280
Hoy la lloran mis vecinas,
no la tienen olvidada.
   Y a mí, ¿qué bien no me hacía?
¡Qué en agraz se la llevó
la muerte! No se logró;     285
aún cincuenta no tenía.

INÉS.   No llores, madre, no llores.

FABIA.  No me puedo consolar,
cuando le veo llevar

---

[51] *bizarría*: lucimiento, hermosura, galanura.   [52] *donaire*: gracia.   [53] Se refiere lisonjeramente a la madre de Inés.   [54] *lealtad*: para lograr el octosílabo se exige pronunciar la palabra como bisílaba, por sinéresis.   [55] *digna*: la rima con *Medina* indica la pronunciación simplificada del grupo consonántico.
[56] *ser una Santa Catalina* es estar adornada de pureza, santidad y bondad.

a la muerte las mejores,                    290
  y que yo me quedo acá.
Vuestro padre, Dios le guarde,
¿está en casa?[7]

LEONOR.                    Fue esta tarde
al campo.

FABIA.                    Tarde vendrá.[57]
  Si va a deciros verdades          295
(moza[s] sois, vieja soy yo...),
más de una vez me fió
don Pedro sus mocedades;[58]
  pero teniendo respeto
a la que pudre,[59] yo hacía,         300
como quien se lo debía,
mi obligación. En efeto,
  de diez mozas, no le daba
cinco.

INÉS.                    ¡Qué virtud!

FABIA.                    No es poco,
que era vuestro padre un loco:       305
cuanto vía,[60] tanto amaba.

---

[57] *Tarde vendrá*: para impedir su actuación.    [58] El padre de Inés, según revela Fabia, utilizó sus servicios para propiciar sus juveniles aventuras amorosas.    [59] Alusión a la muerta, la madre de Inés.    [60] *vía*: veía.

(7) Fabia, como Celestina, es habilísima en el trato con las muchachas; obsérvese cómo despliega su estrategia: primero elogió la hermosura de Inés, después halagó la memoria de su fallecida madre, ahora se asegura de la ausencia del padre—; después incitará a disfrutar la juventud y la lozanía mientras duren (*carpe diem*), antes que la vejez dé al traste con todos estos bienes. Si se contrasta esta escena con su equivalente en *La Celestina*, se comprobará que su recuerdo ha estado presente en la mente del dramaturgo.

Si sois de su condición,
me admiro de que no estéis
enamoradas. ¿No hacéis,
niñas, alguna oración                                            310
   para casaros?

INÉS.                         No, Fabia;
eso siempre será presto.

FABIA.     Padre que se duerme en esto,
mucho a sí mismo se agravia.
   La fruta fresca, hijas mías,                             315
es gran cosa, y no aguardar
a que la venga a arrugar
la brevedad de los días.
   Cuantas [61] cosas imagino,
dos solas, en mi opinión,                                        320
son buenas, viejas.

LEONOR.                         ¿Y son?

FABIA.     Hija, el amigo y el vino.
   ¿Veisme aquí? Pues yo os prometo
que fue tiempo en que tenía
mi hermosura y bizarría                                          325
más de algún galán sujeto.
   ¿Quién no alababa mi brío?
¡Dichoso a quien yo miraba!
Pues ¿qué seda no arrastraba?
¡Qué gasto, qué plato el mío!                                    330
   Andaba en palmas, en andas.
Pues, ¡ay Dios!, si yo quería,
¿qué regalos no tenía
desta gente de hopalandas? [62]
   Pasó aquella primavera;                                  335
no entra un hombre por mi casa;

---

[61] *cuantas*: de cuantas.    [62] *hopalandas*: sotanas, especialmente las de los estudiantes universitarios.

que, como el tiempo se pasa,
pasa la hermosura.

INÉS.                                     Espera,
        ¿qué es lo que traes aquí?

FABIA.  Niñerías que vender                           340
        para comer, por no hacer
        cosas malas.

LEONOR.                        Hazlo ansí,
        madre, y Dios te ayudará.

FABIA.  Hija, mi rosario y misa:
        esto cuando estoy de prisa,                   345
        que si no...

INÉS.                        Vuélvete acá.
        ¿Qué es esto?

FABIA.                        Papeles son
        de alcanfor[63] y solimán.[64]
        Aquí secretos están
        de gran consideración                         350
            para nuestra enfermedad
        ordinaria.[65]

LEONOR.                        Y esto ¿qué es?

FABIA.  No lo mires, aunque estés
        con tanta curiosidad.

LEONOR.      ¿Qué es, por tu vida?

FABIA.                                Una moza         355
        se quiere, niñas, casar;
        mas acertóla a engañar
        un hombre de Zaragoza.
            Hase encomendado a mí...;
        soy piadosa... y, en fin, es                  360
        limosna, porque después
        vivan en paz.[66]

---

[63] *alcanfor*: goma para preparar ungüentos.   [64] *solimán*: preparado de mer-
curio para hacer cosméticos.   [65] Alude a la regla de la mujer.   [66] Significa

INÉS.                                  ¿Qué hay aquí?
FABIA.                          Polvos de dientes, jabones
de manos, pastillas, cosas
curiosas y provechosas.                                    365
INÉS.            ¿Y esto?
FABIA.                              Algunas oraciones.
¡Qué no me deben a mí
las ánimas!
INÉS.                          Un papel
hay aquí.
FABIA.                          Diste con él
cual si fuera para ti.                                    370
Suéltale, no le has de ver,
bellaquilla, curiosilla. [8]
INÉS.            Deja, madre...
FABIA.                              Hay en la villa
cierto galán bachiller
que quiere bien una dama;                                  375
prométeme una cadena
porque le dé yo, con pena
de su honor, recato y fama.
Aunque es para casamiento,
no me atrevo. Haz una cosa                                 380
por mí, doña Inés hermosa,
que es discreto pensamiento:
respóndeme a este papel

---

que remediará la virginidad perdida por una joven casadera, a quien burló
un caballero de Zaragoza.

<hr>

(8) El uso idiomático se acomoda a los propósitos embaucadores
de Fabia: la expresividad de los diminutivos se emplea para ganar
la confianza de Inés, de acuerdo con la estrategia desplegada por la
vieja.

|           |                                         |     |
|-----------|-----------------------------------------|-----|
|           | y diré que me le ha dado                |     |
|           | su dama. [9]                            |     |
| INÉS.     | Bien lo has pensado,                    | 385 |
|           | si pescas, Fabia, con él                |     |
|           | la cadena prometida.                    |     |
|           | Yo quiero hacerte este bien.            |     |
| FABIA.    | Tantos los cielos te den,               |     |
|           | que un siglo alarguen tu vida.          | 390 |
|           | Lee el papel.                           |     |
| INÉS.     | Allá dentro,                            |     |
|           | y te traeré la respuesta.               |     |

*Vase.*

|           |                                         |     |
|-----------|-----------------------------------------|-----|
| LEONOR.   | ¡Qué buena invención!                   |     |
| FABIA.    | ¡Apresta,                               |     |
|           | fiero habitador del centro, [67]        |     |
|           | fuego accidental que abrase             | 395 |
|           | el pecho desta doncella! [10]           |     |

---

[67] *habitador del centro [ del mundo ]*: Lucifer.

**(9)** La alcahueta introduce, como se dijo, una estrategia heterodoxa: en lugar de hablar sinceramente a Inés y entregarle la carta de don Alonso, miente y hace pasar el papel como escrito por un fingido bachiller. Con Fabia entra peligrosamente la mentira, la superchería y la hechicería en el mundo noble de Alonso e Inés.

**(10)** La vieja solicita la intervención demoníaca para que desate la pasión en Inés en una dirección pecaminosa que no es la deseada por Alonso, quien, no se olvide, pretende el matrimonio. El recurso de Fabia es gravísimo quebranto de las exigencias cristianas, por lo que el amor entra en una peligrosa orientación. Téngase presente este pasaje a la hora de explicar el significado de la obra.

*Salen don Rodrigo y don Fernando*

| | |
|---|---|
| RODRIGO. | Hasta casarme con ella, |
| | será forzoso que pase |
| | por estos inconvenientes. |
| FERNANDO. | Mucho ha de sufrir quien ama. |

400

| | |
|---|---|
| RODRIGO. | Aquí tenéis vuestra dama. |
| FABIA. | ¡Oh necios impertinentes! |
| | ¿Quién os ha traído aquí? |
| RODRIGO. | Pero ¡en lugar de la mía, |
| | aquella sombra! |
| FABIA. | Sería |

405

| | |
|---|---|
| | gran limosna para mí, |
| | que tengo necesidad. [68] |
| LEONOR. | Yo haré que os pague mi hermana. |
| FERNANDO. | Si habéis tomado, señora, |
| | o por ventura os agrada |

410

| | |
|---|---|
| | algo de lo que hay aquí |
| | (si bien serán cosas bajas |
| | las que aquí puede traer |
| | esta venerable anciana, |
| | pues no serán ricas joyas |

415

| | |
|---|---|
| | para ofreceros la paga), |
| | mandadme que os sirva yo. |
| LEONOR. | No habemos comprado nada; |
| | que es esta buena mujer |
| | quien suele lavar en casa |

420

| | |
|---|---|
| | la ropa. |
| RODRIGO. | ¿Qué hace don Pedro? |
| LEONOR. | Fue al campo, pero ya tarda. |
| RODRIGO. | ¿Mi señora doña Inés...? |

---

[68] La serie de redondillas se interrumpe con el romance iniciado en este verso.

| | | |
|---|---|---|
| LEONOR. | Aquí estaba... Pienso que anda | |
| | despachando esta mujer. | 425 |
| RODRIGO. | Si me vio por la ventana, | |
| | ¿quién duda que huyó por mí? | |
| | ¿Tanto de ver se recata | |
| | quien más servirla desea? | |

*Salga doña Inés.*

| | | |
|---|---|---|
| LEONOR. | Ya sale. Mira que aguarda | 430 |
| | por la cuenta[69] de la ropa | |
| | Fabia. | |
| INÉS. | Aquí la traigo, hermana. | |
| | Tomad y haced que ese mozo | |
| | la lleve. | |
| FABIA. | ¡Dichosa el agua | |
| | que ha de lavar, doña Inés, | 435 |
| | las reliquias de la holanda[70] | |
| | que tales cristales[71] cubre! | |

*Lea.*

Seis camisas, diez toallas,
cuatro tablas de manteles,
dos cosidos[72] de almohadas,                    440
seis camisas de señor,
ocho sábanas... Mas basta,
que todo vendrá más limpio
que los ojos de la cara.

---

[69] *cuenta*: nota que relaciona las ropas entregadas para lavar. Leonor, que mintió para justificar la presencia de Fabia en la casa, utiliza esta estratagema para hacer pasar la nota amorosa por una relación de prendas. [70] *holanda*: tela fina con que se confeccionan las prendas más delicadas. [71] *cristales*: miembros del cuerpo. [72] *cosido*: porción de ropa apuntada con hilo tal como se daba a las lavanderas.

| RODRIGO. | Amiga, ¿queréis feriarme[73] | 445 |
| | ese papel, y la paga | |
| | fiad de mí, por tener | |
| | de aquellas manos ingratas | |
| | letra siquiera en las mías? | |
| FABIA. | ¡En verdad que negociara | 450 |
| | muy bien si os diera el papel! | |
| | Adiós, hijas de mi alma. | |

*Vase.*

| RODRIGO. | Esta memoria[74] aquí había | |
| | de quedar, que no llevarla. | |
| INÉS. | Llévala y vuélvela, a efeto | 455 |
| | de saber si algo le falta. | |
| | Mi padre ha venido ya. | |
| | Vuesas mercedes se vayan | |
| | o le visiten, que siente | |
| | que nos hablen, aunque calla. | 460 |
| RODRIGO.[75] | Para sufrir el desdén | |
| | que me trata desta suerte, | |
| | pido al amor y a la muerte | |
| | que algún remedio me den; | |
| | al amor, porque también | 465 |
| | puede templar tu rigor | |
| | con hacerme algún favor; | |
| | y a la muerte, porque acabe | |
| | mi vida; pero no sabe | |
| | la muerte ni quiere amor. | 470 |
| | Entre la vida y la muerte, | |
| | no sé qué medio tener, | |

---

[73] *feriarme*: trocarme, venderme.   [74] *memoria*: la supuesta relación de prendas antes aludida.   [75] Rodrigo usa de tres décimas para su parlamento.

                    pues amor no ha de querer
                    que con tu favor acierte;
                    y siendo fuerza quererte,                    475
                    quiere el amor que te pida
                    que seas tú mi homicida.
                    Mata, ingrata, a quien te adora:
                    serás mi muerte, señora,
                    pues no quieres ser mi vida.                 480

                        Cuanto vive, de amor nace
                    y se sustenta de amor;
                    cuanto muere es un rigor
                    que nuestras vidas deshace.
                    Si al amor no satisface                      485
                    mi pena, ni la hay tan fuerte
                    con que la muerte me acierte,
                    debo de ser inmortal,
                    pues no me hacen bien ni mal
                    ni la vida ni la muerte. [11]                490

                        *Vanse los dos.*

INÉS.            ¡Qué de necedades juntas! [76]
LEONOR.          No fue la tuya menor. [77]

---

[76] La estrofa vuelve a cambiar: las redondillas vuelven a ser vehículo para
el diálogo-confidencia de las muchachas.    [77] Leonor reprocha a su hermana
su imprudente proceder, al responder una carta remitida por un desconocido, aunque las dos sospechan que proceda de don Alonso.

**(11)** Para la justa valoración del parlamento de Rodrigo, recuérdense, por una parte, la ambigüedad o la ironía de muchos diálogos
de *El caballero de Olmedo,* tal como ya se advirtió, y, por otra parte,
que hay palabras y conceptos que se integran en un sistema de
significación específica; así *amar* y *ser amado* es *vivir,* lo contrario
*morir.* Los vv. 479-480 se vuelven irónicamente proféticos, como se
comprobará en el desenlace.

| | |
|---|---|
| INÉS. | ¿Cuándo fue discreto amor, |
| | si del papel me preguntas? |
| LEONOR. | ¿Amor te obliga a escribir 495 |
| | sin saber a quién? |
| INÉS. | Sospecho |
| | que es invención que se ha hecho, |
| | para probarme a rendir, |
| | de parte del forastero. |
| LEONOR. | Yo también lo imaginé. 500 |
| INÉS. | Si fue ansí, discreto fue. |
| | Leerte unos versos quiero. |

*Lea.* [12]

«Yo vi la más hermosa labradora,
en la famosa feria de Medina,
que ha visto el sol adonde más se inclina 505
desde la risa de la blanca aurora.
Una chinela de color, que dora
de una coluna[78] hermosa y cristalina
la breve basa,[79] fue la ardiente mina[80]
que vuela el alma a la región que adora. 510
Que una chinela fuese vitoriosa,
siendo los ojos del amor enojos,
confesé por hazaña milagrosa.
Pero díjele, dando los despojos:
«Si matas con los pies,. Inés hermosa, 515

---

[78] *coluna*: columna. Recuérdese la nota 3.   [79] *basa*: pie en que se asienta la columna.   [80] *mina*: explosivo.

(12) Normalmente en la comedia áurea las cartas están escritas en prosa; aquí, excepcionalmente, se emplea el verso —un magnífico soneto—, porque más que un mero billete informativo al uso, es un bello ejemplar poético (*unos versos*, como se indica en el v. 502).

|         | ¿qué dejas para el fuego de tus ojos?» [81] |
|---------|---------------------------------------------|
| LEONOR. | Este galán, doña Inés, |
|         | te quiere para danzar. |
| INÉS.   | Quiere en los pies comenzar |
|         | y pedir manos después.                 520 |
| LEONOR. | ¿Qué respondiste? |
| INÉS.   |                            Que fuese |
|         | esta noche por la reja |
|         | del güerto. |
| LEONOR. |                  ¿Quién te aconseja, |
|         | o qué desatino es ése? [(13)] |
| INÉS.   | No para hablarle. |
| LEONOR. |                         Pues ¿qué?     525 |
| INÉS.   | Ven conmigo y lo sabrás. |
| LEONOR. | Necia y atrevida estás. |
| INÉS.   | ¿Cuándo el amor no lo fue? |
| LEONOR. | Huir de amor, cuando empieza... |
| INÉS.   | Nadie del primero huye,                530 |
|         | porque dicen que le influye |
|         | la misma naturaleza. |

*Vanse.*
*Salen don Alonso, Tello y Fabia.*

|        |                                         |
|--------|-----------------------------------------|
| FABIA. | Cuatro mil palos me han dado. [82] |
| TELLO. | ¡Lindamente negociaste! |
| FABIA. | Si tú llevaras los medios...           535 |

---

[81] Tras el soneto de la carta, se siguen las redondillas.    [82] La tercera gran secuencia se inicia con este romance.

**(13)** Nueva decisión arriesgada de Inés: convocar al galán para que acuda por la noche al huerto está reñido con la sensatez y el tino convenientes. (El recuerdo del pecaminoso huerto de Melibea es inevitable.)

| ALONSO. | Ello ha sido disparate |
| | que yo me atreviese al cielo. |
| TELLO. | Y que Fabia fuese el ángel |
| | que al infierno de los palos |
| | cayese por levantarte. | 540 |
| FABIA. | ¡Ay, pobre Fabia! |
| TELLO. | ¿Quién [83] fueron |
| | los crueles sacristanes |
| | del facistol [84] de tu espalda? |
| FABIA. | Dos lacayos y tres pajes. |
| | Allá he dejado las tocas | 545 |
| | y el monjil hecho seis partes. |
| ALONSO. | Eso, madre, no importara, |
| | si a tu rostro venerable |
| | no se hubieran atrevido. |
| | ¡Oh, qué necio fui en fiarme | 550 |
| | de aquellos ojos traidores, |
| | de aquellos falsos diamantes, |
| | niñas que me hicieron señas |
| | para engañarme y matarme! |
| | Yo tengo justo castigo. | 555 |
| | Toma este bolsillo, madre..., |
| | y ensilla, Tello, que a Olmedo |
| | nos hemos de ir esta tarde. |
| TELLO. | ¿Cómo, si anochece ya? |
| ALONSO. | Pues ¿qué? ¿Quieres que me mate? | 560 |
| FABIA. | No te aflijas, moscatel, [85] |
| | ten ánimo, que aquí trae |
| | Fabia tu remedio. Toma. |

---

[83] *Quién* se usó indistintamente para el singular y el plural hasta muy avanzado el siglo XVII.     [84] *facistol*: atril del coro; el sentido de estos versos es que se interroga sobre quiénes han golpeado la espalda de Fabia como hacen los sacristanes al dar sobre el facistol para marcar el compás.     [85] *moscatel*: ignorante, ingenuo, tonto.

ALONSO.     ¡Papel!
FABIA.              Papel.
ALONSO.                     No me engañes.
FABIA.      Digo que es suyo, en respuesta          565
            de tu amoroso romance. ⁸⁶
ALONSO.     Hinca, Tello, la rodilla. ⁸⁷
TELLO.      Sin leer, no me lo mandes,
            que aun temo que hay palos dentro,
            pues en mondadientes ⁸⁸ caben.         570

                    *Lea.* ⁸⁹

ALONSO.     «Cuidadosa de saber si sois quien presumo, y
            deseando que lo seáis, os suplico que vais ⁹⁰
            esta noche a la reja del jardín desta casa,
            donde hallaréis atado el listón verde de las
            chinelas, y ponéosle mañana en el sombrero
            para que os conozca.»
FABIA.          ¿Qué te dice? ⁹¹
ALONSO.                     Que no puedo
            pagarte ni encarecerte
            tanto bien.
TELLO.                  Ya desta suerte
            no hay que ensillar para Olmedo.
            ¿Oyen, señores rocines? ⁹²                575
            Sosiéguense, que en Medina
            nos quedamos.
ALONSO.                  La vecìna
            noche, en los últimos fines

---

⁸⁶ *romance*: escrito; en realidad fue un soneto.    ⁸⁷ Se alude al ceremonioso
recibimiento que se tributaba a los mensajes del rey.    ⁸⁸ *mondadientes*:
palillos.    ⁸⁹ Como ya se indicó, la prosa es la modalidad expresiva empleada
normalmente en la comedia para las cartas y billetes.    ⁹⁰ *vais*: vayáis, como
en el v. 133.    ⁹¹ A continuación se siguen trece redondillas.    ⁹² Se dirige a
los caballos.

con que va expirando el día,
pone los helados pies. 580
Para la reja de Inés
aún importa bizarría,
    que podría ser que Amor
la llevase a ver tomar
la cinta. Voyme a mudar. 585

*Vase.*

TELLO.  Y yo a dar a mi señor,
    Fabia, con licencia tuya,
aderezo de sereno. [93]
FABIA.  Detente.
TELLO.          Eso fuera bueno,
    a ser la condición suya 590
    para vestirse sin mí.
FABIA.  Pues bien le puedes dejar,
porque me has de acompañar.
TELLO.  ¿A ti, Fabia?
FABIA.          A mí.
TELLO.              ¿Yo?
FABIA.                  Sí,
que importa a la brevedad 595
deste amor.
TELLO.          ¿Qué es lo que quieres?
FABIA.  Con los hombres, las mujeres
llevamos seguridad.
    Una muela he menester
del salteador que ahorcaron 600
ayer. [94]
TELLO.      Pues ¿no le enterraron?

---

[93] *aderezo de sereno*: ropa de noche adecuada para andar al sereno, al aire libre.   [94] Las muelas de los ahorcados se empleaban para los hechizos.

| FABIA. | No. |
|---|---|
| TELLO. | Pues ¿qué quieres hacer? |
| FABIA. | Ir por ella, y que conmigo |

vayas solo acompañarme.

TELLO.  Yo sabré muy bien guardarme          605
de ir a esos pasos contigo.
¿Tienes seso? [14]

FABIA.                     Pues, gallina,
adonde yo voy, ¿no irás?

TELLO.  Tú, Fabia, enseñada estás
a hablar al diablo.

FABIA.                     Camina.          610

TELLO.  Mándame a diez hombres juntos
temerario acuchillar,
y no me mandes tratar
en materia de difuntos.

FABIA.  Si no vas, tengo de hacer          615
que él propio venga a buscarte.

TELLO.  ¡Que tengo de acompañarte!
¿Eres demonio o mujer?

FABIA.  Ven, llevarás la escalera,
que no entiendes destos casos.          620

TELLO.  Quien sube por tales pasos,
Fabia, el mismo fin espera.

---

(14) Obsérvense estas muestras de cobardía y las que siguen, completadas con fanfarronerías y salpicadas de donosos comentarios de Tello. La figura del gracioso contrasta en la comedia lopeveguesca con la de su amo: mientras éste no se arredra ante ningún peligro y lo arrostra valientemente, aquél teme el más insignificante y rehúye afrontarlo; si el caballero es un idealista desentendido de cuestiones materiales, el criado es un pragmático materialista. El gracioso es, en definitiva, la contrafigura del héroe y contrasta y complementa su posición ante la vida.

*Salen don Fernando y don Rodrigo, en hábito de noche.* [15]

| | |
|---|---|
| FERNANDO. | ¿De qué sirve inútilmente [95] |
| | venir a ver esta casa? |
| RODRIGO. | Consuélase entre estas rejas, |
| | don Fernando, mi esperanza. |
| | Tal vez sus hierros guarnece |
| | cristal de sus manos blancas; |
| | donde las pone de día, |
| | pongo yo de noche el alma; |
| | que cuanto más doña Inés |
| | con sus desdenes me mata, |
| | tanto más me enciende el pecho, |
| | así su nieve me abrasa. |
| | ¡Oh rejas, enternecidas |
| | de mi llanto, quién pensara |
| | que un ángel endureciera |
| | quien vuestros hierros ablanda! |
| | ¡Oíd! ¿Qué es lo que está aquí? |
| FERNANDO. | En ellos mismos atada |
| | está una cinta o listón. |
| RODRIGO. | Sin duda las almas atan |
| | a estos hierros, por castigo |

625

630

635

640

---

[95] La estrofa es ahora el romance.

---

(15) Las representaciones durante el Barroco, salvo las cortesa-nas, fueron normalmente muy parcas en decorados y vestuario. La falta de unos decorados suficientemente explícitos del lugar en que se ambientaban los hechos obligaba a que los personajes informa-ran en sus propios parlamentos de en dónde se hallaban; la ausencia de una iluminación que distinguiera la escenas diurnas de las nocturnas se suplía con el simple cambio de vestuario, distinto en uno y otro caso, ya que no se vestía igual para pasar el día que para combatir el frío de la noche.

|            | de los que su amor declaran. [96] |      |
|------------|-----------------------------------|------|
| FERNANDO.  | Favor fue de mi Leonor;           | 645  |
|            | tal vez por aquí me habla.        |      |
| RODRIGO.   | Que no lo será de Inés            |      |
|            | dice mi desconfianza;             |      |
|            | pero, en duda de que es suyo,     |      |
|            | porque sus manos ingratas         | 650  |
|            | pudieron ponerle acaso,           |      |
|            | basta que la fe me valga.         |      |
|            | Dadme el listón.                  |      |
| FERNANDO.  |                    No es razón,   |      |
|            | si acaso Leonor pensaba           |      |
|            | saber mi cuidado ansí,            | 655  |
|            | y no me le ve mañana.             |      |
| RODRIGO.   | Un remedio se me ofrece.          |      |
| FERNANDO.  | ¿Cómo?                            |      |
| RODRIGO.   |           Partirle.               |      |
| FERNANDO.  |                    ¿A qué causa?  |      |
| RODRIGO.   | A que las dos nos le vean,        |      |
|            | y sabrán con esta traza           | 660  |
|            | que habemos venido juntos.        |      |
| FERNANDO.  | Gente por la calle pasa.          |      |

*Salen don Alonso y Tello, de noche.*

| TELLO.   | Llega de presto a la reja;        |      |
|----------|-----------------------------------|------|
|          | mira que Fabia me aguarda         |      |
|          | para un negocio que tiene         | 665  |
|          | de grandísima importancia.        |      |
| ALONSO.  | ¿Negocio Fabia esta noche         |      |
|          | contigo?                          |      |

---

[96] El sentido es que a las almas que declaran su amor atan a los hierros, como los delincuentes son aherrojados, tras confesar su delito.

| | |
|---|---|
| TELLO. | Es cosa muy alta. [97] |
| ALONSO. | ¿Cómo? |
| TELLO. | Yo llevo escalera, |
| | y ella... |
| ALONSO. | ¿Qué lleva? |
| TELLO. | Tenazas. 670 |
| ALONSO. | Pues ¿qué habéis de hacer? |
| TELLO. | Sacar |
| | una dama de su casa. [98] |
| ALONSO. | Mira lo que haces, Tello: |
| | no entres a donde no salgas. |
| TELLO. | No es nada, por vida tuya. 675 |
| ALONSO. | Una doncella ¿no es nada? |
| TELLO. | Es la muela del ladrón |
| | que ahorcaron ayer. |
| ALONSO. | Repara |
| | en que acompañan la reja |
| | dos hombres. |
| TELLO. | ¿Si están de guarda? 680 |
| ALONSO. | ¡Qué buen listón! |
| TELLO. | Ella quiso |
| | castigarte. |
| ALONSO. | ¿No buscara, |
| | si fui atrevido, otro estilo? |
| | Pues advierta que se engaña. |
| | Mal conoce a don Alonso, 685 |
| | que por excelencia llaman |
| | «el Caballero de Olmedo». [16] |

[97] Tello juega a la ambigüedad: es *cosa alta*, no empresa elevada ni noble, porque se trata de profanar el cadáver de un ahorcado. [98] Continúa la ambigüedad: la *dama* es una muela, la *casa* es la boca del ahorcado.

(16) Recuérdese lo indicado en la Introducción acerca de don

¡Vive Dios, que he de mostrarla
a castigar de otra suerte
a quien la sirve!

TELLO.      No hagas  690
algún disparate.

ALONSO.      Hidalgos,
en las rejas de esa casa
nadie se arrima.

RODRIGO.      ¿Qué es esto?

FERNANDO. Ni en el talle ni en el habla
conozco este hombre.

RODRIGO.      ¿Quién es  695
el que con tanta arrogancia
se atreve a hablar?

ALONSO.      El que tiene
por lengua, hidalgos, la espada.

RODRIGO. Pues hallará quien castigue
su locura temeraria.  700

TELLO. Cierra, [99] señor, que no son
muelas que a difuntos sacan.

*Retírenlos.*

ALONSO. No los sigas; bueno está.

TELLO. Aquí se quedó una capa.

ALONSO. Cógela y ven por aquí,  705
que hay luces en las ventanas. *[Vanse.]*

---

[99] *Cierra*: embiste, acomete.

Alonso como caballero perfecto. El *caballero* por excelencia dará de
inmediato pruebas de su osadía y valentía, al hacer huir a los dos
hombres que rondan la casa.

*Salen doña Leonor y doña Inés.*

INÉS.
Apenas [100] la blanca Aurora, [(17)]
Leonor, el pie de marfil
puso en las flores de abril,
que pinta, esmalta y colora,     710
    cuando a mirar el listón
salí, de Amor desvelada,
y con la mano turbada
di sosiego al corazón.
    En fin, él no estaba allí.     715

LEONOR. Cuidado tuvo el galán.

INÉS. No tendrá los que me dan
sus pensamientos a mí.

LEONOR.
    Tú, que fuiste el mismo yelo,
¿en tan breve tiempo estás     720
de esa suerte?

INÉS.
            No sé más
de que me castiga el cielo.
    O es venganza o es vitoria
de Amor en mi condición;
parece que el corazón     725
se me abrasa en su memoria.
    Un punto [101] sólo no puedo
apartarla dél. ¿Que haré?

---

[100] Empieza una serie de redondillas.    [101] *punto*: momento, instante.

**(17)** Como ya se señaló, ante la falta de una iluminación explícita para indicar que ha amanecido, son los personajes quienes sitúan expresamente la acción en el tiempo.

*Sale don Rodrigo, con el listón en el sombrero.*

| | | |
|---|---|---|
| RODRIGO. | (Nunca, amor, imaginé | |
| | que te sujetara el miedo. | 730 |
| | Ánimo para vivir, | |
| | que aquí está Inés.) Al señor | |
| | don Pedro busco. | |
| INÉS. | Es error | |
| | tan de mañana acudir, | |
| | que no estará levantado. | 735 |
| RODRIGO. | Es un negocio importante. | |
| INÉS. | No he visto tan necio amante. | |
| LEONOR. | Siempre es discreto lo amado | |
| | y necio lo aborrecido. | |
| RODRIGO. | ¡Que de ninguna manera | 740 |
| | puedo agradar una fiera | |
| | ni dar memoria a su olvido...! | |
| INÉS. | ¡Ay, Leonor! No sin razón | |
| | viene don Rodrigo aquí, | |
| | si yo misma le escribí | 745 |
| | que fuese por el listón. | |
| LEONOR. | Fabia este engaño te ha hecho. | |
| INÉS. | Presto romperé el papel, | |
| | que quiero vengarme en él | |
| | de que ha dormido en mi pecho. | 750 |

*Salen don Pedro, su padre, y don Fernando.*

| | |
|---|---|
| FERNANDO. | Hame puesto por tercero [102] |
| | para tratarlo con vos. |
| PEDRO. | Pues hablaremos los dos |
| | en [103] el concierto [104] primero. |

---

[102] *tercero*: que media en los amores.   [103] *en*: hoy se usaría la preposición *de* (*hablar de*).   [104] *concierto* matrimonial.

| | | |
|---|---|---|
| FERNANDO. | Aquí está, que siempre amor | 755 |
| | es reloj anticipado. | |
| PEDRO. | Habrále Inés concertado | |
| | con la llave del favor. | |
| FERNANDO. | De lo contrario se agravia. | |
| PEDRO. | Señor don Rodrigo... | |
| RODRIGO. | Aquí | 760 |
| | vengo a que os sirváis de mí. | |
| INÉS. | Todo fue enredo de Fabia. | |
| LEONOR. | ¿Cómo? | |
| INÉS. | ¿No ves que también | |
| | trae el listón don Fernando? | |
| LEONOR. | Si en los dos le estoy mirando, | 765 |
| | entrambos te quieren bien. | |
| INÉS. | Sólo falta que me pidas | |
| | celos, cuando estoy sin mí. | |
| LEONOR. | ¿Qué quieren tratar aquí? | |
| INÉS. | ¿Ya las palabras olvidas | 770 |
| | que dijo mi padre ayer | |
| | en materia de casarme? | |
| LEONOR. | Luego bien puede olvidarme | |
| | Fernando, si él viene a ser. | |
| INÉS. | Antes presumo que son | 775 |
| | entrambos los que han querido | |
| | casarse, pues han partido | |
| | entre los dos el listón. | |
| PEDRO. | Esta es materia que quiere | |
| | secreto y espacio; [105] entremos | 780 |
| | donde mejor la tratemos. | |
| RODRIGO. | Como yo ser vuestro [106] espere, | |
| | no tengo más que tratar. | |
| PEDRO. | Aunque os quiero enamorado | |

---

[105] *espacio*: tiempo.   [106] *vuestro*: familiar.

|        | de Inés, para el nuevo estado,         | 785 |

de Inés, para el nuevo estado,                785
quien soy os ha de obligar.

*Vanse los tres.*

INÉS.           ¡Qué vana fue mi esperanza![107]
¡Qué loco mi pensamiento!
¡Yo papel a don Rodrigo!
¡Y tú de Fernando celos!                      790
¡Oh forastero enemigo!

*Sale Fabia.*

¡Oh Fabia embustera!
FABIA.                              Quedo,
que lo está escuchando Fabia.
INÉS.      Pues ¿cómo, enemiga, has hecho
un enredo semejante?                          795
FABIA.     Antes fue tuyo el enredo,
si en aquel papel escribes
que fuese aquel caballero
por un listón de esperanza
a las rejas de tu güerto,                      800
y en ellas pones dos hombres
que le maten, aunque pienso
que, a no se haber retirado,
pagaran su loco intento.
INÉS.      ¡Ay Fabia! Ya que contigo                805
llego a declarar mi pecho,
ya que a mi padre, a mi estado
y a mi honor pierdo el respeto,
dime: ¿es verdad lo que dices?
Que siendo ansí, los que fueron                810

---

[107] Es el primer verso de un romance de casi cien.

|        | a la reja le tomaron<br>y por favor [108] se le han puesto.<br>De suerte estoy, madre mía,<br>que no puedo hallar sosiego<br>si no es pensando en quien sabes. | 815 |
|--------|---|---|
| FABIA. | (¡Oh, qué bravo efeto hicieron<br>los hechizos y conjuros! [18]<br>La vitoria me prometo.)<br>No te desconsueles, hija;<br>vuelve en ti, que tendrás presto<br>estado con el mejor<br>y más noble caballero<br>que agora tiene Castilla;<br>porque será por lo menos<br>el que por único llaman<br>«el Caballero de Olmedo». [19] | 820<br><br><br><br>825 |

---

[108] *por favor*: a modo de distintivo de un favor amoroso concedido por la joven.

---

(18) Obsérvese cómo la alcahueta atribuye a sus hechizos y conjuros el éxito de su gestión, lo mismo que hacía Celestina; sin embargo, en este caso, nada más lejos de la realidad. Las ansias amorosas de Inés ya existían antes de la intervención de la bruja, pues lo confirmamos en la escena inmediatamente anterior a que Fabia entrara en su casa, además de lo expresado por sus ojos, tal como supo captar don Alonso. Ciertamente, en esta ocasión, la pasión está exacerbada, pero se explica tras el desengaño que acaba de sufrir, al creer que la vieja la había engañado y era mensajera del desdeñado don Rodrigo.

No obstante, el mero hecho de que la alcahueta haya empleado la magia y atribuya ahora a sus efectos el sentimiento de la muchacha introduce en el honesto amor de Inés un factor negativo, merecedor de castigo.

(19) Se reitera la referencia a la dignidad del galán y a su condición de caballero por excelencia.

Don Alonso en una feria
te vio, labradora Venus, [109]
haciendo las cejas arco
y flecha los ojos bellos. [110]                    830
Disculpa tuvo en seguirte,
porque dicen los discretos
que consiste la hermosura
en ojos y entendimiento.
En fin, en las verdes cintas                       835
de tus pies llevastes presos
los suyos, que ya el amor
no prende con los cabellos.
Él te sirve, tú le estimas;
él te adora, tú le has muerto;                     840
él te escribe, tú respondes:
¿quién culpa amor tan honesto?
Para él tienen sus padres,
porque es único heredero,
diez mil ducados de renta;                         845
y aunque es tan mozo, son viejos.
Déjate amar y servir
del más noble, del más cuerdo
caballero de Castilla,
lindo talle, lindo ingenio. [20]                   850
El rey, en Valladolid,
grandes mercedes le ha hecho,

---

[109] Recuérdese que Alonso la vio en la feria en traje de labradora. Por otra parte, la rima exigía *é-o,* aunque *é-u* es asonancia válida.    [110] Como advierte F. Rico, la metáfora de las *cejas* como *arcos* que tensan los *ojos* transformados en *flechas* es un tópico literario de origen petrarquista.

**(20)** Como antes, nueva insistencia en las excelencias del caballero. (Recuérdense **16** y **19**, y lo advertido en la Introducción.)

porque él solo honró las fiestas [111]
de su real casamiento. [(21)]
Cuchilladas y lanzadas                        855
dio en los toros como un Héctor; [112]
treinta precios [113] dio a las damas
en sortijas y torneos.
Armado parece Aquiles [114]
mirando de Troya el cerco;                    860
con galas parece Adonis... [115]
Mejor fin le den los cielos.
Vivirás bien empleada;
en un marido discreto.
¡Desdichada de la dama                        865
que tiene marido necio!

INÉS.     ¡Ay, madre! Vuélvesme loca;
pero, ¡triste!, ¿cómo puedo
ser suya, si a don Rodrigo
me da mi padre don Pedro?                      870
Él y don Fernando están
tratando mi casamiento.

FABIA.    Los dos harán nulidad
la sentencia de ese pleito.

---

[111] Quiere decirse que con la sola y espléndida actuación de don Alonso en las fiestas —justas, torneos y toros— fue suficiente para hacerlas brillantes. [112] *Héctor*: prestigioso caudillo troyano. [113] *precios*: premios obtenidos en las justas. [114] *Aquiles*: famoso guerrero griego que participó en la guerra de Troya. [115] *Adonis*: joven griego amante de Venus. Su trágica muerte causada por el celoso Marte, que hizo que le atacara un jabalí, sugiere a Fabia el comentario del v. 862.

[(21)] Es la primera alusión al rey Juan II, que se casó en 1418, con doña María de Aragón. Con posterioridad intervendrá personalmente en la acción de la tragicomedia, como monarca y en su papel justiciero y reparador de cuantos desaguisados destruyen el orden y la armonía social.

| | | |
|---|---|---|
| INÉS. | Está don Rodrigo allí. | 875 |
| FABIA. | Eso no te cause miedo, | |
| | pues es parte y no juez. | |
| INÉS. | Leonor, ¿no me das consejo? | |
| LEONOR. | Y ¿estás tú para tomarle? | |
| INÉS. | No sé; pero no tratemos | 880 |
| | en público destas cosas. | |
| FABIA. | Déjame a mí tu suceso. | |
| | Don Alonso ha de ser tuyo; | |
| | que serás dichosa espero | |
| | con hombre que es en Castilla | 885 |
| | *la gala de Medina,* | |
| | *la flor de Olmedo.* [22] | |

## FIN DEL PRIMER ACTO
### DEL CABALLERO DE OLMEDO

---

(22) Por primera vez aparece el cantar tradicional que inspiró *El caballero de Olmedo*: la inserción de los dos versos finales de la copla, además de servir como certero remate del primer acto, que arrancaría el aplauso del público, sugeriría el final trágico que se le reserva al perfecto galán y caballero. El primer acto ha servido para justificar esa doble condición de *gala de Medina* —conquistador de mujeres y triunfador en las fiestas— y *flor de Olmedo* —perfecto caballero, modélico hijo...—.

# ACTO SEGUNDO

# PERSONAS DEL ACTO SEGUNDO:

Don Alonso
Don Fernando
Don Rodrigo
Don Pedro
Fabia
Doña Inés
Doña Leonor
Tello
El rey don Juan
El Condestable
Ana

*Salen Tello y don Alonso.*

ALONSO.    Tengo [1] el morir por mejor,
           Tello, que vivir sin ver.
TELLO.     Temo que se ha de saber                       890
           este tu secreto amor;
               que, con tanto ir y venir
           de Olmedo a Medina, creo
           que a los dos da tu deseo
           que sentir [2] y aun que decir. [23]           895

---

[1] De nuevo se emplea la redondilla, la estrofa preferida en casi la mitad de
la tragicomedia. Por otra parte, ha de tenerse en cuenta que esta escena
ocurre de noche, aunque nada se indique expresamente en ese sentido.
[2] *sentir*: oír.

(23) No pase por alto al lector la información que el criado
aporta al principio de este acto, que implica además un salto
temporal en relación con los hechos del anterior: hace algún tiempo
que andan yendo y viniendo a Medina, movidos por la pasión del
galán, lo que, en opinión de Tello, puede ser causa de desdoro para
Inés si se hace público. Además, es de noche y se dirigen a casa de
la joven, en donde se introducirán, lo que no es propio, evidentemente, de un comportamiento modélico en cuanto a las costumbres.

Por otra parte, téngase en cuenta que el criado en la comedia del
Siglo de Oro suele desempeñar este papel de consejero prudente
que recomienda a su amo lo más oportuno práctica y moralmente,
al dictado del sentido común y realista del que carece el señor, sólo
atento a la consecución de sus ideales y propósitos sin atender a
riesgos ni inconvenientes.

ALONSO.          ¿Cómo puedo yo dejar
                 de ver a Inés, si la adoro?
TELLO.           Guardándole más decoro [3]
                 en el venir y el hablar;
                 que en ser [4] a tercero día,                    900
                 pienso que te dan, señor,
                 tercianas [5] de amor.
ALONSO.                          Mi amor
                 ni está ocioso ni se enfría: [6]
                 siempre abrasa, y no permite                     905
                 que esfuerce naturaleza
                 un instante su flaqueza,
                 porque jamás se remite.
                 Mas bien se ve que es león [7]
                 Amor; su fuerza, tirana;                         910
                 pues que con esta cuartana [8]
                 se amansa mi corazón. [9]
                 Es esta ausencia una calma [10]
                 de amor, porque si estuviera
                 adonde siempre a Inés viera,

---

[3] *guardar decoro*: comportarse de acuerdo con el estado y condición de uno.   [4] *en ser*: al ser.   [5] *tercianas*: fiebres que se producen cada tres días.   [6] Alonso corrige a su criado: su fiebre amorosa es permanente, no sobreviene, como las *tercianas*, cada tres días, lo que significaría intervalos de reposo o mejoría.   [7] En los libros de emblemas fue imagen muy difundida la del león febril, como símbolo de la sujeción universal a la pasión amorosa por ser fiera poderosa que, a pesar de su fortaleza, es doblegada por la fuerza del amor.   [8] *cuartana*: fiebre que se reproduce cada cuatro días. La *cuartana del león* era proverbial y circulaba en muchos refranes.   [9] El amor *amansa* o doblega, pues hace someterse a la fuerza superior de la pasión.   [10] *calma*: período de tiempo en que no corre el aire; también significa ansiedad abrasadora, que pudiera convenir más a este contexto (Martínez López): el personaje quedaría bajo el absoluto dominio del calor. (Véase el documento número 6.)

|          | fuera salamandra [11] el alma. (24)                        | 915 |
|----------|-----------------------------------------------------------|-----|
| TELLO.   | ¿No te cansa y te amohína<br>tanto entrar, tanto partir?  |     |
| ALONSO.  | Pues yo, ¿qué hago en venir,<br>Tello, de Olmedo a Medina? |     |
|          | Leandro [12] pasaba un mar<br>todas las noches, por ver<br>si le podía beber<br>para poderse templar; | 920 |
|          | pues si entre Olmedo y Medina<br>no hay, Tello, un mar, ¿qué me debe<br>Inés? | 925 |
| TELLO.   | A otro mar se atreve<br>quien al peligro camina<br>en que Leandro se vio;<br>pues a don Rodrigo veo<br>tan cierto de tu deseo<br>como puedo estarlo yo; | 930 |
|          | que como yo no sabía<br>cúya [13] aquella capa fue,<br>un día que la saqué... |     |

---

[11] Según creencia antigua, la salamandra es incombustible y puede sobrevivir en el fuego.  [12] *Leandro* todas las noches cruzaba nadando el estrecho del Helesponto para encontrarse con su amada Hero, quien colocaba una luz para que se orientara en su travesía; una noche el viento apagó la candela y, desorientado, el amante se ahogó.  [13] *cúya*: de quién.

(24) Estos versos parecen muy relevantes para el significado de la obra, tal como ha señalado el profesor Martínez López. (Véase el documento núm. 6.) Para este profesor, los vv. 900-915 expresan una gradación de la intensidad amorosa: el sentimiento ardiente crece como la fiebre desde las *tercianas* a las *cuartanas*, llegando a la *calma de amor* y a la *salamandra*, según el significado que se ha anotado en cada caso (notas 6 a 11).

| | | |
|---|---|---|
| ALONSO. | ¡Gran necedad! | |
| TELLO. | ... como mía, | 935 |

    me preguntó: «Diga, hidalgo,
¿quién esta capa le dio?
Porque la conozco yo...».
Respondí: «Si os sirve en algo,
    daréla a un criado vuestro».         940
Con esto, descolorido,
dijo: «Habíala perdido
de noche un lacayo nuestro;
    pero mejor empleada
está en vos; guardadla bien».        945
Y fuese a medio desdén,
puesta la mano en la espada.
    Sabe que te sirvo y sabe
que la perdió con los dos.
Advierte, señor, por Dios,        950
que toda esta gente es grave, [14]
    y que están en su lugar,
donde todo gallo canta. [15]
Sin esto, también me espanta
ver este amor comenzar        955
    por tantas hechicerías,
y que cercos [16] y conjuros
no son remedios seguros,
si honestamente porfías. [25]

---

[14] *grave*: noble.   [15] Existía el refrán «cada gallo canta en su muladar».
[16] Se hacían los conjuros dentro de un *cerco*.

(25) El gracioso advierte severamente a su amo sobre el peligro que empiezan a correr si continúan la misma línea de comportamiento; especialmente suscita su preocupación la amenaza real que significan un noble de Medina, que compite en su tierra, humillado y celoso, como es don Rodrigo, y el recurso a la hechicera,

Fui con ella (que no fuera) 960
a sacar de un ahorcado
una muela; puse a un lado,
como arlequín, la escalera.
　　Subió Fabia; quedé al pie,
y díjome el salteador: 965
«Sube, Tello, sin temor,
o si no, yo bajaré».
　　¡San Pablo!, allí me caí;
tan sin alma vine al suelo,
que fue milagro del cielo 970
el poder volver en mí.
　　Bajó, desperté turbado,
y de mirarme afligido,
porque, sin haber llovido,
estaba todo mojado. [17] 975

ALONSO.　　Tello, un verdadero amor
en ningún peligro advierte. [26]

---

[17] Alusión chocarrera a los efectos físicos del terror.

innecesario cuando se persigue un amor honesto. Las palabras de Tello apuntan certeramente sobre la única falla de la conducta del caballero.

(26) Debe prestarse atención a estas manifestaciones de don Alonso para centrar su responsabilidad moral en los hechos: a su modo de ver, se ha comportado de acuerdo con las exigencias éticas; su amor, aunque está dirigido a casarse con Inés, se ha visto entorpecido por el puro azar, que ha querido que se le adelante don Rodrigo en solicitar la boda. No encuentra, en consecuencia, salida, y de ahí surge la desesperación. Atribuir la aceptación de su amor por parte de Inés o su propia pasión a efectos de hechicerías es un error, como señala expresamente —vv. 984-987—, aunque el personaje olvida que, en efecto, recurrió imprudentemente a una bruja como mensajera.

La última parte del parlamento recuerda extraordinariamente

Quiso mi contraria suerte
que hubiese competidor,
  y que trate, enamorado,        980
casarse con doña Inés;
pues ¿qué he de hacer, si me ves
celoso y desesperado?

  No creo en hechicerías,
que todas son vanidades:        985
quien concierta voluntades
son méritos y porfías.

  Inés me quiere, yo adoro
a Inés, yo vivo en Inés;
todo lo que Inés no es        990
desprecio, aborrezco, ignoro.

  Inés es mi bien, yo soy
esclavo de Inés; no puedo
vivir sin Inés; de Olmedo
a Medina vengo y voy,        995
  porque Inés mi dueño es
para vivir o morir.

TELLO.    Sólo te falta decir:
«Un poco te quiero, Inés». [18]
  ¡Plega a Dios que por bien sea!    1000

ALONSO.    Llama, que es hora.
TELLO.                   Yo voy.
ANA.    ¿Quién es?
TELLO.            ¿Tan presto? Yo soy.
  ¿Está en casa Melibea? [19]

---

[18] Es un refrán: «Un poco te quiero, Inés; yo te lo diré después».   [19] Tras el discurso de Alonso, tan próximo a los de Calisto, el criado continúa en la

las palabras de Calisto en *La Celestina*; son exponentes del inmenso amor que siente por la muchacha y la absoluta enajenación en que lo sume el sentimiento.

|        | Que viene Calisto aquí.           |      |
|--------|-----------------------------------|------|
| ANA.   | Aguarda un poco, Sempronio. [20]  | 1005 |
| TELLO. | Sí haré, falso testimonio. [21]   |      |

*Sale doña Inés.*

| INÉS.   | ¿El mismo?                        |      |
|---------|-----------------------------------|------|
| ANA.    | Señora, sí.                       |      |
| INÉS.   | ¡Señor mío...!                    |      |
| ALONSO. | Bella Inés,                       |      |
|         | esto es venir a vivir. [(27)]     |      |
| TELLO.  | Agora no hay que decir:           | 1010 |
|         | «Yo te lo diré después». [22]     |      |
| INÉS.   | ¡Tello amigo!                     |      |
| TELLO.  | ¡Reina mía!                       |      |
| INÉS.   | Nunca, Alonso de mis ojos,        |      |
|         | por haberme dado enojos           |      |
|         | esta ignorante porfía             | 1015 |
|         | de don Rodrigo, esta tarde,       |      |
|         | he estimado que me vieses [23]    |      |

. . . . . . . . . . . . . . . . . . . . . . . . . . .
. . . . . . . . . . . . . . . . . . . . . . . . . .

misma línea, designando a los enamorados con los nombres de los de *La Celestina*.     [20] La criada sigue el juego y llama al criado por el nombre que tenía el de Calisto.     [21] Tello llama a la criada *falso testimonio* porque ella le dijo *Sempronio*. Es posible leer el verso *Si haré falso testimonio*, al dudar el personaje si será acertada la identificación con los amantes de *La Celestina*, como anota Rico en su edición.     [22] Ved la anterior n. 18.     [23] Faltan dos versos para completar la redondilla, por lo que queda inconclusa la información sobre el propósito de don Rodrigo de casarse con ella.

(27) Estése atento al poético diálogo que sigue, uno de los pasajes más hermosos de la obra: la delicadeza preside todo el cortejo y galanteo, ajeno, por otra parte, a sensualidad o torpeza alguna.

ALONSO.          Aunque fuerza de obediencia                    1020
                 te hiciese tomar estado,
                 no he de estar desengañado
                 hasta escuchar la sentencia.
                     Bien el alma me decía,
                 y a Tello se lo contaba                          1025
                 cuando el caballo sacaba
                 y el sol los [24] que aguarda el día,
                     que de alguna novedad
                 procedía mi tristeza,
                 viniendo a ver tu belleza,                       1030
                 pues me dices que es verdad.
                     ¡Ay de mí si ha sido ansí!

INÉS.            No lo creas, porque yo
                 diré a todo el mundo no,
                 después que te dije sí. [25]                     1035
                     Tú solo dueño has de ser
                 de mi libertad y vida;
                 no hay fuerza que el ser impida,
                 don Alonso, tu mujer.
                 Bajaba al jardín ayer,                           1040
                 y como por don Fernando
                 me voy de Leonor guardando, [26]
                 a las fuentes, a las flores
                 estuve diciendo amores,
                 y estuve también llorando.                       1045
                     «Flores y aguas —les decía—,
                 dichosa vida gozáis,

---

[24] Se sobrentiende los caballos que tiran del carro de Febo (el sol): quiere
decirse, pues, «cuando el sol sacaba los caballos que tienen que llevarlo»,
«cuando amanecía».   [25] Terminan las redondillas; siguen seis décimas.
[26] Recuérdese que don Fernando, que pretende a Leonor, es amigo de don
Rodrigo, lo que obliga a Inés a ser discreta con su hermana, aunque más
tarde nos sorprenderá que esté al corriente de la burlesca entrada en casa de
Fabia y Tello como maestros de Inés.

pues, aunque noche pasáis,
veis vuestro sol cada día».
Pensé que me respondía                                    1050
la lengua de una azucena
(¡qué engaños amor ordena!):
«Si el sol que adorando estás
viene de noche, que es más,
Inés, ¿de qué tienes pena?»                               1055

TELLO.  Así dijo a un ciego un griego
que le contó mil disgustos:
«Pues tiene la noche gustos,
¿para qué te quejas, ciego?».

INÉS.  Como mariposa llego                                1060
a estas horas, deseosa
de tu luz; no mariposa,
Fénix [27] ya, pues de una suerte
me da vida y me da muerte
llama tan dulce y hermosa.                                1065

ALONSO.  ¡Bien haya, el coral, [28] amén,
de cuyas hojas de rosas
palabras tan amorosas
salen a buscar mi bien!
Y advierte que yo también,                                1070
cuando con Tello no puedo,
mis celos, mi amor, mi miedo
digo en tu ausencia a las flores.

TELLO.  Yo le vi decir amores
a los rábanos de Olmedo;                                  1075
que un amante suele hablar
con las piedras, con el viento.

ALONSO.  No puede mi pensamiento
ni estar solo, ni callar;

---

[27] El ave Fénix renacía de sus cenizas al quemarse.     [28] *coral*: la boca de Inés.

contigo, Inés, ha de estar, 1080
contigo hablar y sentir.
¡Oh, quién supiera decir
lo que te digo en ausencia!
Pero estando en tu presencia
aun se me olvida el vivir. 1085

Por el camino le cuento
tus gracias a Tello, Inés,
y celebramos después
tu divino entendimiento.
Tal gloria en tu nombre siento 1090
que una mujer recibí [29]
de tu nombre, porque ansí,
llamándola todo el día,
pienso, Inés, señora mía,
que te estoy llamando a ti. 1095

TELLO.   Pues advierte, Inés discreta, [30]
de los dos tan nuevo efeto,
que a él le has hecho discreto,
y a mí me has hecho poeta.

Oye una glosa a un estribo [31] 1100
que compuso don Alonso
a manera de responso,
si los hay en muerto vivo:
*En el valle a Inés*
*la dejé riendo;* 1105
*si la ves, Andrés,*
*dile cuál me ves*
*por ella muriendo.* **(28)**

---

[29] Quiere decir que contrató a una mujer para su servicio.   [30] Siguen dos redondillas.   [31] *estribo*: estribillo.

**(28)** La quintilla, no escrita por Lope de Vega (ya estaba publicada desde 1578), adquiere un valor profético muy expresivo

| | |
|---|---|
| INÉS. | ¿Don Alonso la compuso? [32] |
| TELLO. | Que es buena jurarte puedo 1110 |
| | para poeta de Olmedo. |
| | Escucha. |
| ALONSO. | Amor lo dispuso. |
| TELLO. | Andrés, después que las bellas |

plantas de Inés goza el valle,
tanto florece con ellas, 1115
que quiso el cielo trocalle [33]
por sus flores sus estrellas.
Ya el valle es cielo, después
que su primavera es,
pues verá el cielo en el suelo 1120
quien vio —pues Inés es cielo—
*en el valle a Inés.* (29)

Con miedo y respeto estampo
el pie donde el suyo huella;
que ya Medina del Campo 1125
no quiere aurora más bella
para florecer su campo.
Yo la vi de amor huyendo,
cuanto miraba matando,
su mismo desdén venciendo: 1130
y, aunque me partí llorando,
*la dejé riendo.*

Dile, Andrés, que ya me veo

---

[32] De nuevo una redondilla, antes de las quintillas, que van agrupadas en coplas reales.   [33] *trocalle*: trocarle, cambiarle.

debido a su sentido literal. (Recuérdese cuanto se dijo en la Introducción sobre el carácter poemático de las comedias áureas.)

(29) Obsérvese cómo se construye la glosa incorporando uno a uno (vv. 1122, 1132, 1142, 1152 y 1162) los versos de la quintilla anterior.

muerto por volverla a ver,
aunque, cuando llegues, creo                    1135
que no será menester,
que me habrá muerto el deseo.
No tendrás qué hacer después
que a sus manos vengativas
llegues, si una vez la ves,                      1140
ni aun es posible que vivas,
*si la ves, Andrés.*

  Pero si matarte olvida
por no hacer caso de ti,
dile a mi hermosa homicida                       1145
que por qué se mata en mí,
pues que sabe que es mi vida.
Dile: «Cruel, no le des
muerte, si vengada estás
y te ha de pesar después».                       1150
Y pues no me has de ver más,
*dile cuál me ves.*

  Verdad es que se dilata
el morir, pues con mirar
vuelve a dar vida la ingrata,                    1155
y así se cansa en matar,
pues da vida a cuantos mata;
pero, muriendo o viviendo,
no me pienso arrepentir
de estarla amando y sirviendo;                   1160
que no hay bien como vivir
*por ella muriendo.*

INÉS. [34]   Si es tuya, notablemente
te has alargado en mentir
por don Alonso.

ALONSO.                      Es decir,           1165

---

que mi amor en versos miente...
    Pues, señora, ¿qué poesía
llegará a significar
mi amor?

INÉS.            ¡Mi padre!

ALONSO.             ¿Ha de entrar?

INÉS.    Escondeos.

ALONSO.      ¿Dónde?

*Ellos se entran, y sale don Pedro.*

PEDRO.           Inés mía,    1170
    ¿agora por recoger?
¿Cómo no te has acostado?

INÉS.    Rezando, señor, he estado,
por lo que dijiste ayer,
    rogando a Dios que me incline    1175
a lo que fuere mejor.

PEDRO.    Cuando para ti mi amor
imposibles imagine,
    no pudiera hallar un hombre
como don Rodrigo, Inés.    1180

INÉS.    Ansí dicen todos que es
de su buena fama el nombre;
    y, habiéndome de casar,
ninguno en Medina hubiera
ni en Castilla que pudiera    1185
sus méritos igualar.

PEDRO.    ¿Cómo habiendo de casarte?

INÉS.    Señor, hasta ser forzoso
decir que ya tengo esposo, [30]

---

**(30)** El espectador esperaría que tras ese término, *esposo,* se ocultase el nombre de Alonso y que, por fin, se pusiera término al

|        |                                      |      |
|--------|--------------------------------------|------|
|        | no he querido disgustarte.           | 1190 |
| PEDRO. | ¿Esposo? ¿Qué novedad                |      |
|        | es ésta, Inés?                       |      |
| INÉS.  |               Para ti                |      |

serás novedad, que en mí
siempre fue mi voluntad.

    Y, ya que estoy declarada,            1195
hazme mañana cortar
un hábito, para dar
fin a esta gala excusada;

    que así quiero andar, señor,
mientras me enseñan latín.            1200
Leonor te queda, que al fin
te dará nietos Leonor.

    Y por mi madre te ruego
que en esto no me repliques,
sino que medios apliques            1205
a mi elección y sosiego.

    Haz buscar una mujer
de buena y santa opinión,
que me dé alguna lición
de lo que tengo de ser,            1210

    y un maestro de cantar,
que de latín sea también.

|        |                                      |      |
|--------|--------------------------------------|------|
| PEDRO. | ¿Eres tú quien habla, o quién?       |      |
| INÉS.  | Esto es hacer, no es hablar.         |      |
| PEDRO. | Por una parte, mi pecho              | 1215 |

---

conflicto amoroso; sin embargo, Inés manifestará una fingida
vocación religiosa y callará la verdad. ¿Se pudo, pues, evitar la
tragedia? A partir de este momento los personajes se precipitan por
una peligrosísima vía de mentiras que acumularán los quebrantamientos morales merecedores de castigo, de acuerdo con las
exigencias de la justicia poética.

se enternece de escucharte,
Inés, y por otra parte,
de duro mármol le has hecho.

En tu verde edad mi vida
esperaba sucesión; 1220
pero si esto es vocación,
no quiera Dios que lo impida.

Haz tu gusto, aunque tu celo
en esto no intenta el mío;
que ya sé que el albedrío 1225
no presta obediencia al cielo.

Pero porque suele ser
nuestro pensamiento humano
tal vez inconstante y vano,
y en condición de mujer, 1230

que es fácil de persuadir,
tan poca firmeza alcanza,
que hay de mujer a mudanza
lo que de hacer a decir,

mudar las galas no es justo, 1235
pues no pueden estorbar
a leer latín o cantar,
ni a cuanto fuere tu gusto.

Viste alegre y cortesana,
que no quiero que Medina, 1240
si hoy te admirare divina,
mañana te burle humana.

Yo haré buscar la mujer
y quien te enseñe latín,
pues a mejor padre, en fin, 1245
es más justo obedecer.

Y con esto, a Dios te queda,
que, para no darte enojos,
van a esconderse mis ojos
a donde llorarte pueda. 1250

*Vase y salgan don Alonso y Tello.*

| | |
|---|---|
| INÉS. | Pésame [35] de haberte dado |
| | disgusto. |
| ALONSO. | A mí no me pesa, |
| | por el que me ha dado el ver |
| | que nuestra muerte conciertas. |
| | ¡Ay, Inés! ¿Adónde hallaste      1255 |
| | en tal desdicha, en tal pena, |
| | tan breve remedio? |
| INÉS. | Amor |
| | en los peligros enseña |
| | una luz por donde el alma |
| | posibles remedios vea.      1260 |
| ALONSO. | Este ¿es remedio posible? |
| INÉS. | Como yo agora le tenga |
| | para que este don Rodrigo |
| | no llegue al fin que desea, |
| | bien sabes que breves males [36]      1265 |
| | la dilación los remedia; |
| | que no dejan esperanza, |
| | si no hay segunda sentencia. |
| TELLO. | Dice bien, señor; que en tanto |
| | que doña Inés cante y lea,      1270 |
| | podéis dar orden los dos |
| | para que os valga la Iglesia. |
| | Sin esto, desconfiado [37] |
| | don Rodrigo, no hará fuerza |
| | a don Pedro en la palabra,      1275 |
| | pues no tendrá por ofensa |
| | que le deje doña Inés |
| | por quien dice que le deja. |

---

[35] Empieza un romance.    [36] *breves males*: males inmediatos.    [37] *desconfiado*: falto de esperanza.

|          | También es linda ocasión | |
|----------|--------------------------|------|
|          | para que yo vaya y venga | 1280 |
|          | con libertad a esta casa. | |
| ALONSO.  | ¡Libertad...! ¿De qué manera? | |
| TELLO.   | Pues ha de leer latín, | |
|          | ¿no será fácil que pueda | |
|          | ser yo quien venga a enseñarla? | 1285 |
|          | ¡Y verás con qué destreza | |
|          | la enseño a leer tus cartas! | |
| ALONSO.  | ¡Qué bien mi remedio piensas! | |
| TELLO.   | Y aun pienso que podrá Fabia | |
|          | servirte en forma de dueña, | 1290 |
|          | siendo la santa mujer | |
|          | que con su falsa apariencia | |
|          | venga a enseñarla. | |
| INÉS.    | Bien dices; | |
|          | Fabia será mi maestra | |
|          | de virtudes y costumbres. | 1295 |
| TELLO.   | ¡Y qué tales serán ellas! (31) | |
| ALONSO.  | Mi bien, yo temo que el día | |
|          | —que es amor dulce materia | |
|          | para no sentir las horas, | |
|          | que por los amantes vuelan— | 1300 |
|          | nos halle tan descuidados, | |
|          | que al salir de aquí me vean, | |
|          | o que sea fuerza quedarme. | |
|          | ¡Ay Dios! ¡Qué dichosa fuerza! ³⁸ | |
|          | Medina a la Cruz de Mayo ³⁹ | 1305 |

---

³⁸ Es posible, como sugiere Rico, que este verso lo pronuncie Inés en el original de Lope de Vega.     ³⁹ La alusión a la fiesta del 3 de mayo sirve para situar la acción.

~~~~~~~~~~~~~~~~~~~~~~~~~~~~~~~~~~~~~~~~~~~~~~~~~~~~~~~~~~~~~~~~~~~~

(31) Tello expresa lo que el espectador piensa: ¡Fabia maestra de moral! (Téngase en cuenta lo dicho en 30.)

                hace sus mayores fiestas;
                yo tengo que prevenir,
                que, como sabes, se acercan;
                que, fuera de que en la plaza
                quiero que galán me veas,                    1310
                de Valladolid me escriben
                que el rey don Juan [40] viene a verlas;
                que en los montes de Toledo
                le pide que se entretenga
                el Condestable [41] estos días,              1315
                porque en ellos convalezca,
                y de camino, señora,
                que honre esta villa le ruega;
                y así, es razón que le sirva
                la nobleza desta tierra.                     1320
                Guárdete el cielo, mi bien.

INÉS.           Espera, que a abrir la puerta
                es forzoso que yo vaya.

ALONSO.         ¡Ay luz! ¡Ay aurora necia,
                de todo amante envidiosa!                    1325

TELLO.          Ya no guardéis que amanezca.

ALONSO.         ¿Cómo?

TELLO.                  Porque es de día.

ALONSO.         Bien dices, si a Inés me muestras;
                pero ¿cómo puede ser,
                Tello, cuando el sol se acuesta?             1330

TELLO.          Tú vas despacio, él aprisa;
                apostaré que te quedas.

                *Salen don Rodrigo y don Fernando.*

RODRIGO.        Muchas veces había reparado, [42]

---

[40] Ya se señaló que se trata de Juan II.  [41] El valido don Álvaro de
Luna.   [42] Pocos versos de arte mayor contiene esta comedia: los tercetos se
mantendrán durante todo el diálogo entre Rodrigo y Fernando.

don Fernando, en aqueste caballero,
del corazón solícito avisado.                     1335
    El talle, el grave rostro, lo severo,
celoso me obligaban a miralle.

FERNANDO.   Efetos son de amante verdadero,
    que, en viendo otra persona de buen talle,
tienen temor que, si le ve su dama,          1340
será posible o fuerza codicialle.

RODRIGO.    Bien es verdad que él tiene tanta fama,
    que, por más que en Medina se encubría,
el mismo aplauso popular le aclama.
    Vi, como os dije, aquel mancebo, un
                            [día,   1345
que la capa perdida en la pendencia
contra el valor de mi opinión [43] traía.
    Hice secretamente diligencia,
después de hablarle, y satisfecho [44] quedo
que tiene esta amistad correspondencia. 1350
    Su dueño es don Alonso, aquel de Olmedo,.
alanceador galán y cortesano,
de quien hombres y toros tienen miedo.
    Pues si éste sirve a Inés, ¿qué intento en
                            [vano?
O ¿cómo quiero yo, si ya le adora,          1355
que Inés me mire con semblante humano?

FERNANDO.   ¿Por fuerza ha de quererle?

RODRIGO.                        Él la enamora,
    y merece, Fernando, que le quiera. [(32)]

---

[43] *opinión*: honra.   [44] *satisfecho*: informado.

~~~~~~~~~~~~~~~~~~~~~~~~~~~~~~~~~~~~~~~~~~~~~~~~~~~~~~~~

[(32)] Estas palabras de don Rodrigo, lo mismo que las anteriores
de los vv. 1336-1337, 1342-1344, 1352-1353 y, más abajo, los vv.
1391-1392, confirman lo que ya sabemos de don Alonso, que es un
arquetipo de caballero adornado de todas las virtudes.

          ¿Qué he de pensar, si me aborrece agora?

FERNANDO.    Son celos, don Rodrigo, una quimera 1360
          que se forma de envidia, viento y sombra,
          con que lo incierto imaginado altera;
             una fantasma que de noche asombra, [45]
          un pensamiento que a locura inclina,
          y una mentira que verdad se nombra.   1365

RODRIGO.    Pues ¿cómo tantas veces a Medina
          viene y va don Alonso? [(33)] Y ¿a qué efeto
          es cédula [46] de noche en una esquina?
             Yo me quiero casar; vos sois discreto:
          ¿qué consejo me dais, si no es matalle?   1370

FERNANDO.    Yo hago diferente mi conceto; [47]
             que ¿cómo puede doña Inés amalle,
          si nunca os quiso a vos?

RODRIGO.                        Porque es respuesta
          que tiene mayor dicha o mejor talle.

FERNANDO.    Mas porque doña Inés es tan honesta, 1375
          que aun la ofendéis con nombre de marido.

RODRIGO.    Yo he de matar a quien vivir me cuesta
             en su desgracia, porque tanto olvido
          no puede proceder de honesto intento.
          Perdí la capa y perderé el sentido.   1380

FERNANDO.    Antes dejarla a don Alonso siento,
          que ha sido como echársela en los ojos.
          Ejecutad, Rodrigo, el casamiento;

---

   [45] *asombra*: asusta.   [46] *cédula*: pasquín o aviso fijado en una esquina; don Álvaro es como la *cédula*, pues pasa las noches en la calle, en clara alusión al desgraciado encuentro que tuvieron ante la casa de Inés. [47] *conceto*: concepto.

(33) Se cumplen los temores de Tello; ya son públicas las idas y venidas de Alonso. Los celos inspiran la venganza, como se sugiere en v. 1370.

|           | llévese don Alonso los despojos |      |
|-----------|-----------------|------|
|           | y la vitoria vos. |      |
| RODRIGO.  | Mortal desmayo  | 1385 |
|           | cubre mi amor de celos y de enojos. |      |
| FERNANDO. | Salid galán para la Cruz de Mayo, |      |
|           | que yo saldré con vos; pues el rey viene, |      |
|           | las sillas piden el castaño [48] y bayo. [49] |      |
|           | Menos aflige el mal que se entretiene. | 1390 |
| RODRIGO.  | Si viene don Alonso, ya Medina |      |
|           | ¿qué competencia con Olmedo tiene? |      |
| FERNANDO. | ¡Qué loco estáis! |      |
| RODRIGO.  | Amor me desatina. [(34)] |      |

*Vanse.*
*Salen don Pedro, doña Inés y doña Leonor.*

| PEDRO. | No porfíes. [50] |      |
|--------|------------------|------|
| INÉS.  | No podrás   |      |
|        | mi propósito vencer. | 1395 |
| PEDRO. | Hija, ¿qué quieres hacer, |      |

---

[48] *castaño*: caballo de ese color.   [49] *bayo*: caballo de color blanco amarillento, más adecuado para el alarde que para el trabajo.   [50] Cambia la estrofa: ahora son redondillas.

~~~~~~~~~~~~~~~~~~~~~~~~~~~~~~~~~~~~~~~~~~~~~~~~~~~~~~

(34) El diálogo entre Rodrigo y Fernando nos permite saber el abatimiento del pretendiente motivado por la frustración de sus propósitos conquistadores, la creciente envidia y celos suscitados por Alonso y la sugerencia de remediar la situación asesinando al competidor. La gravedad de una parte de la conversación se subraya con la selección del verso largo, ordenado en tercetos. Evidentemente, la parte cómica —en el sentido de lo propio de la comedia— de *El caballero de Olmedo* está mezclada con la trágica; no pueden, por tanto, sostenerse las interpretaciones dadas a la obra en el sentido de diversidad en el tratamiento cómico de los actos primero y segundo frente al dramático del tercero.

que tal veneno me das?
Tiempo te queda...

INÉS.                          Señor,
¿qué importa el hábito pardo,
si para siempre le aguardo?                    1400

LEONOR.   Necia estás.
INÉS.                          Calla, Leonor.
LEONOR.   Por lo menos estas fiestas [51]
has de ver con galas.
INÉS.                          Mira
que quien por otras suspira
ya no tiene el gusto en estas.                1405
Galas celestiales son
las que ya mi vida espera.
PEDRO.    ¿No basta que yo lo quiera?
INÉS.     Obedecerte es razón.

*Sale Fabia, con un rosario y báculo y antojos.* [52]

FABIA.    ¡Paz sea en aquesta casa!                1410
PEDRO.    Y venga con vos.
FABIA.                          ¿Quién es
la señora doña Inés,
que con el Señor se casa?
¿Quién es aquella que ya
tiene su Esposo elegida,                        1415
y como a prenda querida
estos impulsos le da?
PEDRO.    Madre honrada, esta que veis,
y yo su padre. [53]

---

[51] Las de la Cruz de Mayo, a las que asistirá el rey.  [52] *antojos*: anteojos,
gafas.   [53] El padre no reconoce a Fabia, a quien había recurrido, según ella
misma contó, para terciar en sus aventuras eróticas. Tal vez se explique
porque la vieja va disfrazada de beata (véase v. 1492) o bien porque mintió
la vieja cuando afirmó aquello.

| | |
|---|---|
| FABIA. | Que sea |
| | muchos años y ella vea |
| | el dueño que vos no veis. [35] |
| | Aunque en el Señor espero |
| | que os ha de obligar piadoso |
| | a que acetéis tal Esposo, |
| | que es muy noble caballero. |
| PEDRO. | Y ¡cómo, madre, si lo es! |
| FABIA. | Sabiendo que anda a buscar |
| | quien venga a morigerar |
| | los verdes años de Inés, |
| | quien la guíe, quien la muestre |
| | las sémitas [54] del Señor, |
| | y al camino del amor |
| | como a principianta adiestre, |
| | hice oración, en verdad, |
| | y tal impulso me dio, |
| | que vengo a ofrecerme yo |
| | para esta necesidad, |
| | aunque soy gran pecadora. |
| PEDRO. | Ésta es la mujer, Inés, |
| | que has menester. |
| INÉS. | Ésta es |
| | la que he menester agora. |
| | Madre, abrázame. |
| FABIA. | Quedito, |
| | que el silicio [55] me hace mal. |
| PEDRO. | No he visto humildad igual. |
| LEONOR. | En el rostro trae escrito |
| | lo que tiene el corazón. |

1420

1425

1430

1435

1440

1445

---

[54] *sémitas*: sendas, caminos.   [55] *silicio*: cilicio.

(35) Adviértase el doble sentido de cuanto se dice en la escena: el Esposo puede ser indistintamente Cristo y Alonso.

FABIA.        ¡Oh, qué gracia! ¡Oh, qué belleza!
              Alcance tu gentileza
              mi deseo y bendición.
                    ¿Tienes oratorio?

INÉS.                             Madre,                    1450
              comienzo a ser buena agora.

FABIA.        Como yo soy pecadora,
              estoy temiendo a tu padre.

PEDRO.              No le pienso yo estorbar
              tan divina vocación.                         1455

FABIA.        En vano, infernal dragón,
              la pensabas devorar.
                    No ha de casarse en Medina:
              monasterio tiene Olmedo;
              *Domine*, si tanto puedo,                     1460
              *ad juvandum me festina.*[56]

PEDRO.              ¡Un ángel es la mujer!

                    *Sale Tello, de gorrón.*[57]

TELLO.        Si con sus hijas está,
              yo sé que agradecerá
              que yo me venga a ofrecer.[58]                1465
                    El maestro que buscáis
              está aquí, señor don Pedro,
              para latín y otras cosas,
              que dirá después su efeto.
              Que buscáis un estudiante                     1470
              en la iglesia me dijeron,
              porque ya desta señora
              se sabe el honesto intento.

---

[56] «Señor, apréstate a ayudarme» (*Salmos*, 69, 2).    [57] *gorrón*: estudiante
pobre, con gorra en vez del bonete que portaban los acomodados.[58] Segui-
damente empieza un romance.

|  | Aquí he venido a serviros, | |
|--|--|--|
|  | puesto que[59] soy forastero, | 1475 |
|  | si valgo para enseñarla. | |
| PEDRO. | Ya creo y tengo por cierto, | |
|  | viendo que todo se junta, | |
|  | que fue voluntad del cielo. | |
|  | En casa puede quedarse | 1480 |
|  | la madre, y este mancebo | |
|  | venir a darte lición. | |
|  | Concertadlo, mientras vuelvo. | |
|  | ¿De dónde es, galán?[60] | |
| TELLO. | Señor, soy calahorreño. | 1485 |
| PEDRO. | ¿Su nombre? | |
| TELLO | Martín Peláez.[61] | |
| PEDRO. | Del Cid debe de ser deudo. | |
|  | ¿Dónde estudió? | |
| TELLO. | En La Coruña,[62] | |
|  | y soy por ella maestro. | |
| PEDRO. | ¿Ordenóse? | |
| TELLO. | Sí, señor, | 1490 |
|  | de vísperas.[63] | |
| PEDRO. | Luego[64] vengo. *[Vase.]* | |
| TELLO. | ¿Eres Fabia? | |
| FABIA. | ¿No lo ves?[65] | |
| LEONOR. | Y tú, ¿Tello? | |
| INÉS. | ¡Amigo Tello! | |

---

[59] *puesto que*: aunque.   [60] Al verso le faltan dos sílabas.   [61] *Martín Peláez* es el nombre de un legendario soldado del Cid.   [62] Se evidencia el desconocimiento académico de Tello: en La Coruña no había universidad.[63] *ordenado de vísperas*: ordenado de una orden inexistente, pues *vísperas* es hora canónica. Se juega, por tanto, con el doble sentido, pues puede entenderse que siempre quedó en vísperas de ordenarse.   [64] *luego*: de inmediato.   [65] Tampoco Tello, como antes don Pedro, parece reconocerla, debido a su falso aspecto.

| | |
|---|---|
| LEONOR. | ¿Hay mayor bellaquería? [36] |
| INÉS. | ¿Qué hay de don Alonso? |
| TELLO. | ¿Puedo     1495 |
| | fiar de Leonor? |
| INÉS. | Bien puedes. |
| LEONOR. | Agraviara Inés mi pecho |
| | y mi amor, si me tuviera |
| | su pensamiento encubierto. |
| TELLO. | Señora, para servirte,     1500 |
| | está don Alonso bueno; |
| | para las fiestas de mayo, |
| | tan cerca ya, previniendo |
| | galas, caballos, jaeces, |
| | lanza y rejones; que pienso     1505 |
| | que ya le tiemblan los toros. |
| | Una adarga [66] habemos hecho, |
| | si se conciertan las cañas, [67] |
| | como de mi raro ingenio. |
| | Allá la verás, en fin.     1510 |
| INÉS. | ¿No me ha escrito? |
| TELLO. | Soy un necio; |

---

[66] *adarga*: escudo.     [67] *cañas*: juego de cañas.

---

(36) Toda la escena (tan regocijante, por otra parte) es, a pesar de su comicidad, bastante grave, pues Inés se está burlando de su padre, al hacerle creer que está llamada a la vida retirada y al introducir en su casa a una alcahueta como maestra de costumbres y de piedad y a un modesto e ignorante criado como profesor de latín. (No en vano Leonor califica de *bellacos* estos hechos.) Inés quebranta principios éticos movida exclusivamente por la ceguera de su apasionado enamoramiento; pero tales hechos merecen el castigo, de acuerdo con los principios de la justicia poética. Evidentemente, como ha señalado Parker, la justificación de la parte trágica de la obra se encuentra en su parte cómica.

|          | esta, señora, es la carta. |      |
| INÉS.    | Bésola de porte [68] y leo. |     |

*Don Pedro vuelve.*

| PEDRO. | Pues pon el coche, si está | |
|        | malo el alazán. [69] ¿Qué es esto? | 1515 |
| TELLO. | Tu padre. Haz que lees, y yo | |
|        | haré que latín te enseño. | |
|        | *Dominus...* | |
| INÉS.  | *Dominus...* | |
| TELLO. | Diga. | |
| INÉS.  | ¿Como más? | |
| TELLO. | *Dominus meus.* | |
| INÉS.  | *Dominus meus.* | |
| TELLO. | Ansí | 1520 |
|        | poco a poco irá leyendo. | |
| PEDRO. | ¿Tan presto tomas lición? | |
| INÉS.  | Tengo notable deseo. | |
| PEDRO. | Basta; que a decir, Inés, | |
|        | me envía el Ayuntamiento | 1525 |
|        | que salga [70] a las fiestas yo. | |
| INÉS.  | Muy discretamente han hecho, | |
|        | pues viene a la fiesta el rey. | |
| PEDRO. | Pues sea con un concierto: [71] | |
|        | que has de verlas con Leonor. | 1530 |
| INÉS.  | Madre, dígame si puedo | |
|        | verlas sin pecar. | |
| FABIA. | Pues ¿no? | |
|        | No escrupulices en eso, | |
|        | como algunos, tan mirlados, [72] | |

---

[68] *porte*: precio que el destinatario abonaba al que le llevaba la carta.
[69] *alazán*: caballo de pelo rojizo.   [70] *salga a*: ocupe de.   [71] *concierto*: acuerdo.   [72] *mirlado*: afectado.

|          | que piensan, de circunspectos, | 1535 |
|----------|--------------------------------|------|
|          | que en todo ofenden a Dios,    |      |
|          | y, olvidados de que fueron     |      |
|          | hijos de otros, como todos,    |      |
|          | cualquiera entretenimiento     |      |
|          | que los trabajos olvide        | 1540 |
|          | tienen por notable exceso.     |      |
|          | Y aunque es justo moderarlos,  |      |
|          | doy licencia, por lo menos     |      |
|          | para estas fiestas, por ser    |      |
|          | *jugatoribus paternus.* ⁷³      | 1545 |

PEDRO.   Pues vamos, que quiero dar
          dineros a tu maestro
          y a la madre para un manto.
FABIA.   ¡A todos cubra el del cielo!
          Y vos, Leonor, ¿no seréis          1550
          como vuestra hermana presto?
LEONOR.  Sí, madre, porque es muy justo
          que tome tan santo ejemplo.

*Sale el rey don Juan, con acompañamiento y el Condestable.* ⁽³⁷⁾

REY.          No me traigáis al partir
              negocios que despachar. ⁷⁴          1555

---

⁷³ Remedo de latín, sin significado lógicamente.   ⁷⁴ Son los primeros
versos de unas redondillas que llegan hasta el 1609.

**(37)** Debe prestarse atención a la participación del rey. Normalmente, el personaje encarna el modelo de monarca ocupado en los
asuntos del Estado y siempre vigilante de la paz social y del
restablecimiento del orden allá donde se quiebre; esta función es la
que lo lleva a intervenir en la acción dramática.

Por otra parte, en las escenas en las que participan los reyes se
suministran datos históricos que sitúan la acción de las comedias en
un tiempo preciso y normalmente pasado.

| | | |
|---|---|---|
| CONDEST. | Contienen sólo firmar; | |
| | no has de ocuparte en oír. | |
| REY. | Decid con mucha presteza. | |
| CONDEST. | ¿Han de entrar? | |
| REY. | Ahora no. | |
| CONDEST. | Su Santidad concedió | 1560 |
| | lo que pidió Vuestra Alteza | |
| | por Alcántara, señor. | |
| REY. | Que mudase le pedí | |
| | el hábito, porque ansí | |
| | pienso que estará mejor. | 1565 |
| CONDEST. | Era aquel traje muy feo. | |
| REY. | Cruz verde pueden traer. [75] | |
| | Mucho debo agradecer | |
| | al Pontífice el deseo | |
| | que de nuestro aumento muestra, | 1570 |
| | con que irán siempre adelante | |
| | estas cosas del Infante | |
| | en cuanto es de parte nuestra. [76] | |
| CONDEST. | Éstas son dos provisiones, | |
| | y entrambas notables son. | 1575 |
| REY. | ¿Qué contienen? | |
| CONDEST. | La razón | |
| | de diferencia que pones | |
| | entre los moros y hebreos | |
| | que en Castilla han de vivir. [77] | |

---

[75] Se atribuye a Juan II la iniciativa que, en realidad, tomó el infante don Fernando de Antequera, tío suyo, de solicitar al Papa el cambio de vestimenta para la Orden de Alcántara.   [76] Probablemente se alude al Compromiso de Caspe, en el que el Papa Luna apoyó, a través de San Vicente Ferrer, a don Fernando de Antequera como rey de Aragón.   [77] Las previsiones aludidas antes obligaban a moros y judíos a vestir de manera distinta a como lo hacían los cristianos para distinguirlos claramente. En 1412 se promulgó un Ordenamiento en Valladolid que recluía en juderías y morerías a estos otros españoles.

REY.        Quiero con esto cumplir,          1580
                Condestable, los deseos
                    de fray Vicente Ferrer, [78]
                que lo ha deseado tanto.
CONDEST.  Es un hombre docto y santo.
REY.        Resolví con él ayer             1585
                    que en cualquiera reino mío
                donde mezclados están,
                a manera de gabán
                traiga un tabardo el judío
                    con una señal en él,          1590
                y un verde capuz el moro.
                Tenga el cristiano el decoro
                que es justo: apártese dél;
                    que con esto tendrán miedo
                los que su nobleza infaman.    1595
CONDEST.  A don Alonso, que llaman
                «el Caballero de Olmedo»,
                    hace Vuestra Alteza aquí
                merced de un hábito. [79]
REY.                          Es hombre
                de notable fama y nombre. **(38)**    1600
                En esta villa le vi
                    cuando se casó mi hermana. [80]
CONDEST.  Pues pienso que determina,

---

[78] En efecto, fue San Vicente Ferrer quien insistió ante el rey en la necesidad de que moros y judíos vivieran separados de los cristianos. [79] *hábito*: dignidad de caballero de una Orden Militar. [80] En el v. 854 se alude al real casamiento del rey; sin embargo, ahora se habla de la boda de su hermana. Aunque doña Catalina no se casó en Medina, fue allí prometida en 1418 al infante don Enrique de Aragón.

(**38**) Fíjese el lector en que el prestigio de Alonso merece el reconocimiento del propio rey, que ya lo ha visto actuar y ha podido constatar su valía.

|  | por servirte, ir a Medina | |
|---|---|---|
|  | a las fiestas de mañana. | 1605 |
| REY. | Decidle que fama emprenda | |

REY.　　　Decidle que fama emprenda
en el arte milital,
porque yo le pienso honrar
con la primera encomienda.[81]

*Vanse. Sale don Alonso.*

ALONSO.[(39)]　¡Ay, riguroso estado,[82]　　1610
aute ausencia mi enemiga,
que dividiendo el alma
puedes dejar la vida!
¡Cuán bien por tus efetos
te llaman muerte viva,　　　1615
pues das vida al deseo
y matas a la vista!
¡Oh, cuán piadosa fueras,
si al partir de Medina
la vida me quitaras　　　　1620
como el alma me quitas!
En ti, Medina, vive
aquella Inés divina,
que es honra de la corte

---

[81] *encomienda*: prebenda, con tierras y rentas, concedida al comendador de una Orden Militar.　[82] Para el monólogo, se emplea aquí el romancillo.

---

**(39)** Este monólogo —incluido con ciertas modificaciones en *La Dorotea,* otra de las grandes obras de Lope de Vega— versa sobre la ausencia de la dama y las privaciones que causa al personaje el hecho de tener que amar secretamente. La recapitulación de Alonso establece de nuevo sus pretensiones honestas, acordes con su nobleza (especialmente véanse los vv. 1646-1647 y 1654-1655).

y gloria de la villa.                          1625
Sus alabanzas cantan
las aguas fugitivas,
las aves, que la escuchan,
las flores, que la imitan.
Es tan bella que tiene                         1630
envidia de sí misma,
pudiendo estar segura
que el mismo sol la envidia,
pues no la ve más bella,
por su dorada cinta,                           1635
ni cuando viene a España,
ni cuando va a las Indias. [83]
Yo merecí quererla.
¡Dichosa mi osadía,
que es merecer sus penas                       1640
calificar mis dichas!
Cuando pudiera verla,
adorarla y servirla,
la fuerza del secreto
de tanto bien me priva.                        1645
Cuando mi amor no fuera
de fe tan pura y limpia,
las perlas de sus ojos
mi muerte solicitan.
Llorando por mi ausencia                       1650
Inés quedó aquel día,
que sus lágrimas fueron
de sus palabras firma.
Bien sabe aquella noche
que pudiera ser mía;                           1655
cobarde amor, ¿qué aguardas,
cuando respetos miras?

---

[83] Esto es, en todo su recorrido. Curiosamente —despiste del autor—, el personaje del siglo XV alude a unas tierras todavía por descubrir.

¡Ay, Dios, qué gran desdicha,
partir el alma y dividir la vida! [84]

*Sale Tello.*

| | | |
|---|---|---|
| TELLO. | ¿Merezco ser bien llegado? [85] | 1660 |
| ALONSO. | No sé si diga que sí, | |
| | que me has tenido sin mí | |
| | con lo mucho que has tardado. | |
| TELLO. | Si por tu remedio ha sido, | |
| | ¿en qué me puedes culpar? | 1665 |
| ALONSO. | ¿Quién me puede remediar, | |
| | si no es a quien yo le pido? | |
| | ¿No me escribes Inés? | |
| TELLO. | Aquí | |
| | te traigo cartas de Inés. | |
| ALONSO. | Pues hablarásme después | 1670 |
| | en lo que has hecho por mí. | |

*Lea.*

«Señor mío, después que os partistes [86] no he
vivido; que sois tan cruel, que aun no me
dejáis vida cuando os vais.»

| | |
|---|---|
| TELLO. | ¿No lees más? |
| ALONSO. | No. |
| TELLO. | ¿Por qué? |
| ALONSO. | Porque manjar tan suave [87] |
| | de una vez no se me acabe. |
| | Hablemos de Inés. |

---

[84] Se remata el monólogo con un endecasílabo.    [85] Primer verso de una serie de redondillas.    [86] *partistes*: partisteis. (Es la forma etimológica.)    [87] *suave*: por exigencias métricas (diéresis), hay que pronunciar el adjetivo como trisílabo.

TELLO.                              Llegué                    1675
          con media sotana y guantes,
          que parecía de aquellos
          que hacen en solos los cuellos
          ostentación de estudiantes.
                Encajé salutación,                            1680
          verbosa filatería, [88]
          dando a la bachillería
          dos piensos [89] de discreción;
                y volviendo el rostro, vi
          a Fabia...

ALONSO.                         Espera, que leo               1685
          otro poco; que el deseo
          me tiene fuera de mí.

          *Lea.*

          «Todo lo que dejastes ordenado se hizo; sólo
          no se hizo que viviese yo sin vos, porque no
          lo dejasteis ordenado.»

TELLO.    ¿Es aquí contemplación? [90]
ALONSO.   Dime cómo hizo Fabia
          lo que dice Inés.

TELLO.                              Tan sabia                 1690
          y con tanta discreción,
                melindre y hipocresía,
          que me dieron que temer
          algunos que suelo ver
          cabizbajos todo el día.                             1695
                De hoy más quedaré advertido

---

[88] *filatería*: verbosidad embaucadora.   [89] *piensos*: medidas. El sentido del
pasaje es que introduce alguna cosa discreta entre muchas insensateces.
[90] El significado es: «En este punto, ¿hay que detenerse para quedar
extasiado como en la contemplación divina?».

de lo que se ha de creer
de una hipócrita mujer
y un ermitaño fingido.
    Pues si me vieras a mí                    1700
con el semblante mirlado,
dijeras que era traslado
de un reverendo alfaquí. [91]
    Creyóme el viejo, aunque en él
se ve de un Catón [92] retrato.                   1705

ALONSO.  Espera, que ha mucho rato
que no he mirado el papel.

*Lea.*

«Daos prisa a venir, para que sepáis cómo
quedo cuando os partís y cómo estoy cuando
volvéis.»

TELLO.       ¿Hay otra estación aquí? [93]
ALONSO.  En fin, tú hallaste lugar
para entrar y para hablar.                        1710
TELLO.  Estudiaba Inés en ti,
que eras el latín, señor,
y la lición que aprendía.
ALONSO.  Leonor ¿qué hacía?
TELLO.           Tenía
envidia de tanto amor,                            1715
porque se daba a entender
que de ser amado eres
digno; que muchas mujeres
quieren porque ven querer,
que en siendo un hombre querido                   1720

---

[91] *reverendo alfaquí*: sacerdote moro.   [92] *Catón*: celebridad romana conocida por su severidad y austeridad.   [93] «¿Hay otra detención o parada aquí?» (Recuérdense las *estaciones* del Vía Crucis.)

de alguna con grande afecto
piensan que hay algún secreto
en aquel hombre escondido;
      y engáñanse, porque son
correspondencias de estrellas.                    1725

ALONSO.   Perdonadme, manos bellas,
que leo el postrer renglón.

*Lea.*

«Dicen que viene el rey a Medina, y dicen
verdad, pues habéis de venir vos, que sois rey
mío.»
      Acabóseme el papel. [94]

TELLO.    Todo en el mundo se acaba.
ALONSO.   Poco dura el bien.
TELLO.                        En fin,                1730
le has leído por jornadas.
ALONSO.   Espera, que aquí a la margen
vienen dos o tres palabras.

*Lea.*

«Poneos esa banda al cuello.
¡Ay, si yo fuera la banda!»                         1735
TELLO.    ¡Bien dicho, por Dios, y entrar
con doña Inés en la plaza!
ALONSO.   ¿Dónde está la banda, Tello?
TELLO.    A mí no me han dado nada.
ALONSO.   ¿Cómo no?
TELLO.              Pues ¿qué me has dado?          1740
ALONSO.   Ya te entiendo: luego saca
a tu elección un vestido.

---

[94] Hasta terminar el acto, se usa el romance.

| | | |
|---|---|---|
| TELLO. | Ésta es la banda. | |
| ALONSO. | ¡Extremada! | |
| TELLO. | ¡Tales manos la bordaron! | |
| ALONSO. | Demos orden que me parta. | 1745 |
| | Pero ¡ay, Tello! | |
| TELLO. | ¿Qué tenemos? | |
| ALONSO. | De decirte me olvidaba | |
| | unos sueños que he tenido. (40) | |
| TELLO. | ¿Agora en sueños reparas? | |
| ALONSO. | No los creo, claro está, | 1750 |
| | pero dan pena. | |
| TELLO. | Eso basta. | |
| ALONSO. | No falta quien llama a algunos | |
| | revelaciones del alma. | |
| TELLO. | ¿Qué te puede suceder | |
| | en una cosa tan llana | 1755 |
| | como quererte casar? (41) | |
| ALONSO. | Hoy, Tello, al salir el alba, | |
| | con la inquietud de la noche, | |
| | me levanté de la cama, | |
| | abrí la ventana aprisa, | 1760 |
| | y, mirando flores y aguas | |
| | que adornan nuestro jardín, | |
| | sobre una verde retama | |

(40) Atención a los sueños premonitorios del personaje que anuncian adversos acontecimientos. Aunque don Alonso no cree en esa capacidad profética de los sueños (v. 1750; el criado también señalará que es contrario a la fe creer en ellos, v. 1797), piensa que son *avisos* del alma (v. 1785).

(41) Se reiteran los honestos propósitos del caballero. Esta insistencia se hace porque, de no existir la nobleza de los propósitos, el personaje no sería tan digno como exige su condición de prototipo caballeresco.

veo ponerse un jilguero,
cuyas esmaltadas alas                                1765
con lo amarillo añadían
flores a las verdes ramas.
Y estando al aire trinando
de la pequeña garganta
con naturales pasajes [95]                           1770
las quejas enamoradas,
sale un azor de un almendro,
adonde escondido estaba,
y como eran en los dos
tan desiguales las armas,                            1775
tiñó de sangre las flores,
plumas al aire derrama.
Al triste chillido, Tello,
débiles ecos del aura
respondieron, y, no lejos,                           1780
lamentando su desgracia,
su esposa, que en un jazmín
la tragedia viendo estaba.
Yo, midiendo con los sueños
estos avisos del alma,                               1785
apenas puedo alentarme;
que con saber que son falsas
todas estas cosas, tengo
tan perdida la esperanza,
que no me aliento a vivir.                           1790

TELLO.       Mal a doña Inés le pagas
aquella heroica firmeza
con que, atrevida, contrasta
los golpes de la fortuna.
Ven a Medina y no hagas                              1795
caso de sueños ni agüeros,

---

[95] *pasajes*: pasos o cambios de voz.

cosas a la fe contrarias.
Lleva el ánimo que sueles,
caballos, lanzas y galas,
mata de envidia los hombres,                          1800
mata de amores las damas.
Doña Inés ha de ser tuya,
a pesar de cuantos tratan
dividiros a los dos.

ALONSO.    Bien dices; Inés me aguarda.          1805
Vamos a Medina alegres.
Las penas anticipadas
dicen que matan dos veces,
y a mí sola Inés me mata,
no como pena, que es gloria.                          1810

TELLO.    Tú me verás en la plaza
hincar de rodillas toros
delante de sus ventanas.

[FIN DEL SEGUNDO ACTO DEL CABALLERO DE OLMEDO]

# ACTO TERCERO

## PERSONAS DEL ACTO TERCERO:

Don Fernando
Don Rodrigo
Don Pedro
Don Alonso
El Rey
El Condestable
Doña Inés
Doña Leonor
Criado Mendo
[Laín]
Una Sombra
Un Labrador
Fabia
Tello

*Suenen atabales* [1] *y entren con lacayos y rejones don Rodrigo*
*y don Fernando.*

| | | |
|---|---|---|
| RODRIGO. | ¡Poca dicha! [2] | |
| FERNANDO. | | ¡Malas suertes! [3] |
| RODRIGO. | ¡Qué pesar! | |
| FERNANDO. | ¿Qué se ha de hacer? | 1815 |
| RODRIGO. | Brazo, ya no puede ser | |
| | que en servir a Inés aciertes. | |
| FERNANDO. | Corrido [4] estoy. | |
| RODRIGO. | Yo, turbado. | |
| FERNANDO. | Volvamos a porfiar. | |
| RODRIGO. | Es imposible acertar | 1820 |
| | un hombre tan desdichado. | |
| | Para el de Olmedo, en efeto, | |
| | guardó suertes la fortuna. | |
| FERNANDO. | No ha errado el hombre ninguna. | |
| RODRIGO. | Que la ha de errar os prometo. [5] | 1825 |
| FERNANDO. | Un hombre favorecido, | |
| | Rodrigo, todo lo acierta. | |
| RODRIGO. | Abrióle el amor la puerta, | |
| | y a mí, Fernando, el olvido. | |
| | Fuera desto, un forastero | 1830 |
| | luego se lleva los ojos. | |

---

[1] *atabales*: tambores.  [2] Se inicia el acto con redondillas.  [3] *suertes* de la corrida de toros en la que están participando.  [4] *corrido*: avergonzado.  [5] Malos presagios anuncian estas palabras de Rodrigo.

| | |
|---|---|
| FERNANDO. | Vos tenéis justos enojos. |
| | Él es galán caballero, |
| | mas no para escurecer |
| | los hombres que hay en Medina.    1835 |
| RODRIGO. | La patria me desatina; |
| | mucho parece mujer |
| | en que lo propio desprecia |
| | y de lo ajeno se agrada. |
| FERNANDO. | De siempre ingrata culpada [6]    1840 |
| | son ejemplos Roma y Grecia. |

*Dentro, ruido de pretales [7] y voces.*

| | |
|---|---|
| [VOZ] 1.ª | ¡Brava suerte! |
| [VOZ] 2.ª | ¿Con qué gala |
| | quebró el rejón! [8] |
| FERNANDO. | ¿Qué aguardamos? |
| | Tomemos caballos. |
| RODRIGO. | Vamos. |
| [VOZ] 1.ª | ¡Nadie en el mundo le iguala!    1845 |
| FERNANDO. | ¿Oyes esa voz? |
| RODRIGO. | No puedo |
| | sufrirlo. |
| FERNANDO. | Aún no lo encarecez. |
| [VOZ] 2.ª | ¡Vítor [9] setecientas veces |
| | el Caballero de Olmedo! |
| RODRIGO. | ¿Qué suerte quieres que aguarde,    1850 |
| | Fernando, con estas voces? |
| FERNANDO. | Es vulgo, ¿no le conoces? |
| [VOZ] 1.ª | ¡Dios te guarde! ¡Dios te guarde! |
| RODRIGO. | ¿Qué más dijeran al rey? |

---

[6] El sentido es que desde siempre fue culpada de ingrata.   [7] *pretales*: correas de las caballerías.   [8] Son comentarios a la acertada actuación de don Alonso.   [9] *¡Vítor!*: ¡víctor!, ¡bravo! Es interjección para aplaudir o premiar.

|  | Mas bien hacen: digan, rueguen, | 1855 |
|---|---|---|
|  | que hasta el fin sus dichas lleguen. | |
| FERNANDO. | Fue siempre bárbara ley | |
|  | seguir aplauso vulgar | |
|  | las novedades. | |
| RODRIGO. | Él viene | |
|  | a mudar caballo. | |
| FERNANDO. | Hoy tiene | 1860 |
|  | la fortuna en su lugar. | |

*Salen Tello, con rejón y librea, y don Alonso.*

| TELLO. | ¡Valientes suertes, por Dios! | |
|---|---|---|
| ALONSO. | Dame, Tello, el alazán. | |
| TELLO. | Todos el lauro nos dan. | |
| ALONSO. | ¿A los dos, Tello? | |
| TELLO. | A los dos; | 1865 |
|  | que tú a caballo y yo a pie | |
|  | nos habemos igualado. | |
| ALONSO. | ¡Qué bravo, Tello, has andado! | |
| TELLO. | Seis toros desjarreté, [10] | |
|  | como si sus piernas fueran | 1870 |
|  | rábanos de mi lugar. | |
| FERNANDO. | Volvamos, Rodrigo, a entrar, | |
|  | que por dicha nos esperan, | |
|  | aunque os parece que no. | |
| RODRIGO. | A vos, don Fernando, sí; | 1875 |
|  | a mí no, si no es que a mí | |
|  | me esperan para que yo | |
|  | haga suertes que me afrenten, | |
|  | o que algún toro me mate | |

---

[10] *desjarretar*: herir al animal en los jarretes (patas) hasta darle la muerte.

|          |                                        |      |
|----------|----------------------------------------|------|
|          | o me arrastre o me maltrate            | 1880 |
|          | donde con risa lo cuenten.             |      |

*Vanse los dos.*

| TELLO.   | Aquéllos te están mirando.             |      |
| ALONSO.  | Ya los he visto envidiosos             |      |
|          | de mis dichas, y aun celosos           |      |
|          | de mirarme a Inés mirando.             | 1885 |
| TELLO.   | Bravos favores te ha hecho             |      |
|          | con la risa: que la risa               |      |
|          | es lengua muda que avisa               |      |
|          | de lo que pasa en el pecho.            |      |
|          | No pasabas vez ninguna                 | 1890 |
|          | que arrojar no se quería               |      |
|          | del balcón.                            |      |
| ALONSO.  |            ¡Ay, Inés mía!              |      |
|          | ¡Si quisiese la fortuna                |      |
|          | que a mis padres les llevase           |      |
|          | tal prenda de sucesión! [42]           | 1895 |
| TELLO.   | Sí [11] harás, como la ocasión         |      |
|          | deste don Rodrigo pase;                |      |
|          | porque satisfecho [12] estoy           |      |
|          | de que Inés por ti se abrasa.          |      |
| ALONSO.  | Fabia se ha quedado en casa;           | 1900 |
|          | mientras una vuelta doy                |      |
|          | a la plaza, ve corriendo               |      |
|          | y di que esté prevenida                |      |

---

[11] *sí*: así.   [12] *satisfecho*: enterado.

(42) Una vez más se hace hincapié en el noble deseo de casarse con Inés. Por otra parte, el amor filial es otro de los adornos del caballero, y el motivo por el que abandonará Medina el mismo día de su triunfo en los toros (vv. 1906-1911).

Inés, porque en mi partida
la pueda hablar, advirtiendo                    1905
    que, si esta noche no fuese
a Olmedo, me han de contar
mis padres por muerto, y dar
ocasión, si no los viese,
    a esta pena, no es razón;           1910
tengan buen sueño, que es justo.

TELLO.    Bien dices: duerman con gusto,
pues es forzosa ocasión
    de temer y de esperar. [13]

ALONSO.    Yo entro.

*Vase don Alonso.*

TELLO.          Guárdate el cielo.       1915
Pues puedo hablar sin recelo,
a Fabia quiero llegar.
    Traigo cierto pensamiento
para coger la cadena
a esta vieja, aunque con pena               1920
de su astuto entendimiento.
    No supo Circe, Medea,
ni Hécate, [14] lo que ella sabe;
tendrá en el alma una llave
que de treinta vueltas sea.                 1925
    Mas no hay maestra [15] mejor
que decirle que la quiero,
que es el remedio primero
para una mujer mayor;
    que con dos razones tiernas          1930

---

[13] Tello cree lógica la preocupación de los padres, pues Alonso ha ido a torear y podría haberle ocurrido un percance.  [14] Fueron tres conocidas hechiceras griegas.  [15] Se sobrentiende *llave*.

de amores y voluntad,
presumen de mocedad
y piensan que son eternas.
  Acabóse. Llego, llamo.
¡Fabia! Pero soy un necio;          1935
que sabrá que el oro precio
y que los años desamo,
  porque se lo ha de decir
el de las patas de gallo. [16]

*Sale Fabia.*

| | |
|---|---|
| FABIA. | ¡Jesús, Tello! ¿Aquí te hallo?          1940 |
| | ¡Qué buen modo de servir |
| | a don Alonso! ¿Qué es esto? |
| | ¿Qué ha sucedido? |
| TELLO. | No alteres |
| | lo venerable, pues eres |
| | causa de venir tan presto;          1945 |
| | que por verte anticipé |
| | de don Alonso un recado. |
| FABIA. | ¿Cómo ha andado? |
| TELLO. | Bien ha andado, |
| | porque yo le acompañé. |
| FABIA. | ¡Extremado fanfarrón!          1950 |
| TELLO. | Pregúntalo al rey, verás |
| | cuál de los dos hizo más; |
| | que se echaba del balcón |
| | cada vez que yo pasaba. |
| FABIA. | ¡Bravo favor! |
| TELLO. | Más quisiera          1955 |
| | los tuyos. |
| FABIA. | ¡Oh, quién te viera! |

---

[16] *el de las patas de gallo*: el diablo.

TELLO.          Esa hermosura bastaba
                    para que yo fuera Orlando. [17]
                ¿Toros de Medina a mí?
                ¡Vive el cielo!, que les di                    1960
                reveses, desjarretando,
                de tal aire, de tal casta,
                en medio del regocijo,
                que hubo toro que me dijo:
                «Basta, señor Tello, basta».                   1965
                    «No basta», le dije yo;
                y eché de un tajo volado [18]
                una pierna en un tejado.
FABIA.          Y ¿cuántas tejas quebró?
TELLO.              Eso al dueño, que no a mí.                  1970
                Dile, Fabia, a tu señora
                que ese mozo que la adora
                vendrá a despedirse aquí
                    que es fuerza volverse a casa,
                porque no piensen que es muerto                1975
                sus padres. Esto te advierto.
                Y porque la fiesta pasa
                    sin mí, y el rey me ha de echar
                menos [19] —que en efeto soy
                su toricida—, me voy                           1980
                a dar materia al lugar
                    de vítores y de aplauso,
                si me das algún favor.
FABIA.          ¿Yo, favor?
TELLO.                          Paga mi amor.
FABIA.          ¿Que yo tus hazañas causo?                     1985
                    Basta, que no lo sabía.
                ¿Qué te agrada más?

---

[17] *Orlando*: protagonista del poema de Ariosto.   [18] *tajo volado*: es una ejecución en la esgrima.   [19] *echar menos*: echar de menos.

| TELLO. | Tus ojos. |
| FABIA. | Pues daréte sus antojos. |
| TELLO. | Por caballo, Fabia mía, |
| | quedo confirmado ya. [20]                    1990 |
| FABIA. | Propio favor de lacayo. |
| TELLO. | Más castaño soy que bayo. [21] |
| FABIA. | Mira cómo andas allá, |
| | que esto de *ne nos inducas* [22] |
| | suelen causar los refrescos: [23]            1995 |
| | no te quite los greguescos [24] |
| | algún mozo de San Lucas; [25] |
| | que será notable risa, |
| | Tello, que, donde lo vea |
| | todo el mundo, un toro sea                   2000 |
| | sumiller [26] de tu camisa. |
| TELLO. | Lo atacado [27] y el cuidado |
| | volverán por [28] mi decoro. |
| FABIA. | Para un desgarro de un toro, |
| | ¿qué importa estar atacado?                  2005 |
| TELLO. | Que no tengo a toros miedo. |
| FABIA. | Los de Medina hacen riza, [29] |
| | porque tienen ojeriza |
| | con los lacayos de Olmedo. |
| TELLO. | Como ésos ha derribado,                     2010 |

---

[20] La explicación es que Tello entiende que los anteojos sólo son oportunos en los caballos, que llevan los ojos tapados en la corrida.    [21] Recuérdese la n. 49 del Acto II: Tello quiere decir que está más preparado para el trabajo que para la gala y el lucimiento.    [22] Son palabras del Padre Nuestro: *no nos dejes caer en la tentación*.    [23] *refresco* en el sentido de 'reincidencia'. El profesor Rico interpreta así el pasaje: «Ceder de nuevo a la tentación (volviendo a la plaza) puede acarrear que no te libres del mal (del toro); o bien: si vuelves a la plaza, puedes caer».    [24] *greguescos*: calzones.    [25] *mozo*: toro, en este caso. Es sabido que a San Lucas se le representa por un toro.    [26] *sumiller*: el criado que ayuda a vestir y a desnudar al amo.    [27] *atacado*: abrochado; se refiere a los calzones abrochados al jubón.    [28] *volverán por*: defenderán.    [29] *hacen riza*: destrozan, hacen estragos.

|  | Fabia, este brazo español. |  |
| FABIA. | ¡Más que [30] te ha de dar el sol |  |
|  | a donde nunca te ha dado! [31] |  |

*Ruido de plaza y grita, y digan dentro:*

| [VOZ] 1.ª | ¡Cayó don Rodrigo! [32] |  |
| ALONSO. | ¡Afuera! |  |
| [VOZ] 2.ª | ¡Qué gallardo, qué animoso | 2015 |
|  | don Alonso le socorre! |  |
| [VOZ] 1.ª | Ya se apea don Alonso. |  |
| [VOZ] 2.ª | ¡Qué valientes cuchilladas! |  |
| [VOZ] 1.ª | Hizo pedazos el toro. |  |

*Salgan los dos, y don Alonso teniéndole.*

| ALONSO. | Aquí tengo yo caballo; | 2020 |
|  | que los vuestros van furiosos |  |
|  | discurriendo por la plaza. |  |
|  | ¡Ánimo! |  |
| RODRIGO. | Con vos le cobro. |  |
|  | La caída ha sido grande. |  |
| ALONSO. | Pues no será bien que al coso | 2025 |
|  | volváis; aquí habrá criados |  |
|  | que os sirvan, porque yo torno |  |
|  | a la plaza. Perdonadme, |  |
|  | porque cobrar es forzoso |  |
|  | el caballo que dejé. (43) | 2030 |

[30] *Más que*: a que.    [31] Es decir, la cogida le dejará al aire la piel oculta.    [32] A las redondillas sucede un romance.

(43) La generosidad, valentía y ejemplaridad de Alonso llegan al extremo de socorrer en la plaza a su adversario y estoquear al toro que pudiera matarlo, de manera que, en adelante, don Rodrigo le

*Vase, y sale don Fernando.*

FERNANDO.   ¿Qué es esto? ¡Rodrigo, y solo!
    ¿Cómo estáis?
RODRIGO.                  Mala caída,
    mal suceso, malo todo;
    pero más deber la vida
    a quien me tiene celoso               2035
    y a quien la muerte deseo.
FERNANDO.   ¡Que sucediese a los ojos
    del rey y que viese Inés
    que aquel su galán dichoso
    hiciese el toro pedazos               2040
    por libraros!
RODRIGO.                Estoy loco.
    No hay hombre tan desdichado,
    Fernando, de polo a polo.
    ¡Qué de afrentas, qué de penas,
    qué de agravios, qué de enojos,       2045
    qué de injurias, qué de celos,
    qué de agüeros, qué de asombros!
    Alcé los ojos a ver
    a Inés, por ver si piadoso
    mostraba el semblante entonces    2050
    que como un gran necio adoro;
    y veo que no pudiera
    mirar Nerón riguroso
    desde la torre Tarpeya

---

deberá la vida, lo que hará más alevosa su vil actuación. Tales virtudes engrandecen al caballero de Olmedo y acrecientan la envidia y el resentimiento de don Rodrigo, que está dispuesto a atajar con una vengativa e indigna acción tanta gallardía en quien desea ver muerto (v. 2036).

de Roma el incendio, [33] como          2055
desde el balcón me miraba;
y que luego, en vergonzoso
clavel de púrpura fina
bañado el jazmín del rostro, [34]
a don Alonso miraba,                     2060
y que por los labios rojos
pagaba en perlas el gusto
de ver que a sus pies me postro,
de la fortuna arrojado,
y de la suya envidioso.                  2065
Mas ¡vive Dios que la risa,
primero que la de Apolo [35]
alegre el Oriente y bañe
el aire de átomos de oro,
se le ha de trocar en llanto,            2070
si hallo al hidalguillo loco [36]
entre Medina y Olmedo! (44)

FERNANDO.   Él sabrá ponerse en cobro. [37]
RODRIGO.    Mal conocéis a los celos. [38]
FERNANDO.   ¿Quién sabe que no son monstruos?     2075

---

[33] Era fama que Nerón fue quien incendió Roma y contempló su acción desde la roca Tarpeya, situada en una de las siete colinas.   [34] Enrojecido el blanco rostro.   [35] *la risa de Apolo*: la salida del sol.   [36] Alude a don Alonso.   [37] *en cobro*: a salvo.   [38] Es decir, no sabéis qué es capaz de hacer el celoso.

(44) Son palabras gravemente amenazadoras. Todo se dispone para un crimen pasional, como expresan los últimos versos. Don Rodrigo ha soportado los desdenes de Inés y ha sufrido los celos por el preferido don Alonso; la mayor humillación ha sido el lance en los toros y comprobar que la muchacha no ha sentido piedad alguna por él, mientras que se la ve pletórica de satisfacción por la victoria del de Olmedo. Los celos son cada vez más el motor de la acción.

Mas lo que ha de importar mucho
no se ha de pensar tan poco.

*[Vanse.] Salen el Rey, el Condestable y criados.*

| | | |
|---|---|---|
| REY. | Tarde acabaron las fiestas; [39] | |
| | pero ellas han sido tales, | |
| | que no las he visto iguales. | 2080 |
| CONDEST. | Dije a Medina que aprestas | |
| | para mañana partir; | |
| | mas tiene tanto deseo | |
| | de que veas el torneo | |
| | con que te quiere servir, | 2085 |
| | que me ha pedido, Señor, | |
| | que dos días se detenga | |
| | Vuestra Alteza. | |
| REY. | Cuando venga, | |
| | pienso que será mejor. | |
| CONDEST. | Haga este gusto a Medina | 2090 |
| | Vuestra Alteza. | |
| REY. | Por vos sea, | |
| | aunque el Infante desea | |
| | —con tanta prisa camina— | |
| | estas vistas de Toledo | |
| | para el día concertado. | 2095 |
| CONDEST. | Galán y bizarro ha estado | |
| | el caballero de Olmedo. | |
| REY. | ¡Buenas suertes, Condestable! | |
| CONDEST. | No sé en él cuál es mayor | |
| | la ventura o el valor, | 2100 |
| | aunque es el valor notable. | |
| REY. | Cualquiera cosa hace bien. | |
| CONDEST. | Con razón le favorece | |

---

[39] Cambio de estrofa: redondillas a partir de ahora.

|  | Vuestra Alteza. |  |
|---|---|---|
| REY. | Él lo merece | |
|  | y que vos le honréis también. | 2105 |

*Vanse, y salen don Alonso y Tello, de noche.* [40]

| TELLO. | Mucho habemos esperado, | |
|---|---|---|
|  | ya no puedes caminar. [41] | |
| ALONSO. | Deseo, Tello, excusar | |
|  | a mis padres el cuidado. | |
|  | A cualquier hora es forzoso | 2110 |
|  | partirme. | |
| TELLO. | Si hablas a Inés, | |
|  | ¿qué importa, señor, que estés | |
|  | de tus padres cuidadoso? | |
|  | Porque os ha de hallar el día | |
|  | en esas rejas. | |
| ALONSO. | No hará, | 2115 |
|  | que el alma me avisará | |
|  | como si no fuera mía. | |
| TELLO. | Parece que hablan en ellas, [42] | |
|  | y que es, en la voz, Leonor. | |
| ALONSO. | Y lo dice el resplandor | 2120 |
|  | que da el sol a las estrellas. [43] | |

*Leonor, en la reja.*

| LEONOR. | ¿Es don Alonso? | |
|---|---|---|
| ALONSO. | Yo soy. | |
| LEONOR. | Luego mi hermana saldrá, | |
|  | porque con mi padre está | |
|  | hablando en las fiestas de hoy. | 2125 |

[40] Recuérdese **15**.  [41] Tello se refiere a que se han entretenido tanto que se ha hecho demasiado tarde para partir a Olmedo.  [42] En las rejas.  [43] Inés es el *sol* que se refleja en las *estrellas*.

|          | Tello puede entrar, que quiere |      |
|----------|-------------------------------|------|
|          | daros un regalo Inés.         |      |
| ALONSO.  | Entra, Tello.                 |      |
| TELLO.   |              Si después       |      |
|          | cerraren y no saliere,        |      |
|          | bien puedes partir sin mí,    | 2130 |
|          | que yo te sabré alcanzar.     |      |
| ALONSO.  | ¿Cuándo, Leonor, podré entrar |      |
|          | con tal libertad aquí?        |      |
| LEONOR.  | Pienso que ha de ser muy presto, |   |
|          | porque mi padre de suerte     | 2135 |
|          | te encarece, que a quererte   |      |
|          | tiene el corazón dispuesto.   |      |
|          | Y porque se case Inés,        |      |
|          | en sabiendo vuestro amor,     |      |
|          | sabrá escoger lo mejor,       | 2140 |
|          | como estimarlo después. (45)  |      |

*Sale doña Inés a la reja.*

|          |                               |      |
|----------|-------------------------------|------|
| INÉS.    | ¿Cón quién hablas?            |      |
| LEONOR.  |                    Con Rodrigo. |    |
| INÉS.    | Mientes, que mi dueño es.     |      |
| ALONSO.  | Que soy esclavo de Inés       |      |
|          | al cielo doy por testigo.     | 2145 |
| INÉS.    | No sois sino mi señor.        |      |
| LEONOR.  | Ahora bien quiéroos dejar,    |      |

---

(45) Alonso sigue esperando poder entrar en la casa de Inés como pretendiente, si es que se disipan las actuales dificultades existentes para ello; por lo pronto, don Pedro parece que accederá cuando se le proponga el matrimonio. De todos modos ya es demasiado tarde.

|          | que es necedad estorbar, |      |
|----------|--------------------------|------|
|          | sin celos, quien tiene amor. |  |
| INÉS.    | ¿Cómo estáis? |             |
| ALONSO.  | Como sin vida. | 2150 |
|          | Por vivir os vengo a ver. |  |
| INÉS.    | Bien había menester |       |
|          | la pena desta partida, [44] | |

        para templar el contento
que hoy he tenido de veros    2155
ejemplo de caballeros
y de las damas tormento.

        De todas estoy celosa;
que os alabasen quería,
y después me arrepentía,    2160
de perderos temerosa.

        ¡Qué de varios pareceres!
¡Qué de títulos y nombres
os dio la envidia en los hombres,
y el amor en las mujeres!    2165

        Mi padre os ha codiciado
por yerno para Leonor,
y agradecióle mi amor,
aunque celosa, el cuidado;

        que habéis de ser para mí,    2170
y así se lo dije yo,
aunque con la lengua no,
pero con el alma sí.

        Mas ¡ay! ¿Cómo estoy contenta
si os partís?

| ALONSO. | Mis padres son | 2175 |
|---------|----------------|------|
|         | la causa.      |      |
| INÉS.   | Tenéis razón; |       |
|         | mas dejadme que lo sienta. | |

---

[44] A Olmedo.

ALONSO. [46]      Yo lo siento, y voy a Olmedo,
dejando el alma en Medina.
No sé cómo parto y quedo;      2180
amor la ausencia imagina;
los celos, señora, el miedo;
así parto muerto y vivo,
que vida y muerte recibo.
Mas ¿qué te puedo decir,      2185
cuando estoy para partir,
*puesto ya el pie en el estribo?*

      Ando, señora, estos días,
entre tantas asperezas
de imaginaciones mías,      2190
consolado en mis tristezas
y triste en mis alegrías.
Tengo, pensando perderte,
imaginación tan fuerte,
y así en ella vengo y voy,      2195
que me parece que estoy
*con las ansias de la muerte.*

      La envidia de mis contrarios
temo tanto, que, aunque puedo
poner medios necesarios,      2200
estoy entre amor y miedo

---

(**46**) Alonso manifiesta, en quintillas ordenadas en coplas reales, su dolor ante la separación: al igual que la otra vez en que se empleó esa estrofa, se glosa una canción tradicional de cinco versos (*A una partida*), de la que aparece un verso al final de cada serie; es la misma composición que sirvió a Cervantes para su dedicatoria del *Persiles*: trata el tema de la separación amorosa, y Lope la glosó en varias de sus obras. Obsérvense en el texto que sigue las abundantes premoniciones de la muerte y la emoción de la despedida.

haciendo discursos varios.
Ya para siempre me privo
de verte, y de suerte vivo,
que, mi muerte presumiendo,                    2205
parece que estoy diciendo:
*«Señora, aquesta te escribo».*

  Tener de tu esposo el nombre
amor y favor ha sido; [47]
pero es justo que me asombre,                  2210
que amado y favorecido
tenga tal tristeza un hombre.
Parto a morir, y te escribo
mi muerte, si ausente vivo,
porque tengo, Inés, por cierto                 2215
que si vuelvo, será muerto,
*pues partir no puedo vivo.*

  Bien sé que tristeza es;
pero puede tanto en mí,
que me dice, hermosa Inés:                      2220
«Si partes muerto de aquí,
¿cómo volverás después?».
Yo parto, y parto a la muerte,
aunque morir no es perderte;
que si el alma no se parte,                     2225
¿cómo es posible dejarte,
*cuanto más, volver a verte?*

INÉS. [45]   Pena me has dado y temor
con tus miedos y recelos;
si tus tristezas son celos,                     2230
ingrato ha sido tu amor.
  Bien entiendo tus razones;

---

[45] Se vuelve otra vez a las redondillas.

(47) Atiéndase una vez más al lícito objetivo del caballero.

|              | pero tú no has entendido |       |
| ALONSO.      | mi amor.                 |       |
|              |        Ni tú, que han sido |       |
|              | estas imaginaciones      | 2235  |

    sólo un ejercicio triste
del alma, que me atormenta,
no celos; que fuera afrenta
del nombre, Inés, que me diste.

    De sueños y fantasías,          2240
si bien falsas ilusiones,
han nacido estas razones,
que no de sospechas mías. [48]

*Leonor sale a la reja.*

| INÉS.   | Leonor vuelve. ¿Hay algo? |      |
| LEONOR. |                    Sí. |      |
| ALONSO. | ¿Es partirme?             |      |
| LEONOR. |           Claro está. | 2245 |

          Mi padre se acuesta ya
y me preguntó por ti.

| INÉS.   |     Vete, Alonso, vete. Adiós. |      |

          No te quejes, fuerza es.

| ALONSO. | ¿Cuándo querrá Dios, Inés, | 2250 |

          que estemos juntos los dos?

    Aquí se acabó mi vida, [46]
que es lo mismo que partirme.

---

[46] Empieza un romance.

(48) Es muy importante la justificación que da el caballero de su
pesimismo, las razones de sus *miedos y recelos* (v. 2229); dice que es
*sólo un ejercicio triste / del alma* que surge *de sueños y fantasías* (v. 2240)
y, por tanto, parecen *falsas ilusiones*. *Partir* de donde está la dama es
*morir* (vv. 2252-2253), porque se priva de su visión; pero el
espectador intuye que también es posible un entendimiento literal
de la frase, por lo que la despedida resulta patética.

Tello no sale, o no puede
acabar de despedirse.                           2255
Voyme, que él me alcanzará.

*Al entrar, una Sombra con una máscara negra y sombrero,
y puesta la mano en el puño de la espada, se le ponga delante.* [49]

ALONSO.    ¿Qué es esto? ¿Quién va? De oírme
no hace caso. ¿Quién es? Hable.
¡Que un hombre me atemorice,
no habiendo temido a tantos!                    2260
¿Es don Rodrigo? ¿No dice
quién es?
SOMBRA.          Don Alonso.
ALONSO.                  ¿Cómo?
SOMBRA.    Don Alonso.
ALONSO.              No es posible.
Mas otro será, que yo
soy don Alonso Manrique.                        2265
Si es invención, ¡meta mano! [47]
Volvió la espalda. Seguirle
desatino me parece.
¡Oh imaginación terrible!
Mi sombra debió de ser...                       2270
Mas no, que en forma visible
dijo que era don Alonso.
Todas son cosas que finge
la fuerza de la tristeza,

---

[47] Se sobrentiende 'a la espada'.

(49) Otra escena patética y literariamente muy acertada: sale al
encuentro del caballero una sombra, especie de *alter ego*. La sombra
es un elemento sobrenatural que puede explicarse como una
alucinación que está padeciendo el personaje, como él mismo
supone; tómese buena nota de las otras hipótesis.

                    la imaginación de un triste.                    2275
                    ¿Qué me quieres, pensamiento,
                    que con mi sombra me afliges?
                    Mira que temer sin causa
                    es de sujetos humildes.
                    O embustes de Fabia son,                       2280
                    que pretende persuadirme
                    porque no me vaya a Olmedo,
                    sabiendo que es imposible.
                    Siempre dice que me guarde,
                    y siempre que no camine                         2285
                    de noche, sin más razón
                    de que la envidia me sigue.
                    Pero ya no puede ser
                    que don Rodrigo me envidie,
                    pues hoy la vida me debe;                       2290
                    que esta deuda no permite
                    que un caballero tan noble
                    en ningún tiempo la olvide.
                    Antes pienso que ha de ser
                    para que amistad confirme                       2295
                    desde hoy conmigo en Medina;
                    que la ingratitud no vive
                    en buena sangre, que siempre
                    entre villanos reside.
                    En fin, es la quinta esencia                    2300
                    de cuantas acciones viles
                    tiene la bajeza humana
                    pagar mal quien bien recibe. [50]

---

(50) Fíjese el lector en que, como don Alonso señala, no es
posible que don Rodrigo sea tan ingrato de olvidar que le debe la
vida, cuando esa tarde lo libró del toro. La gratitud es una virtud
nobiliaria; lo contrario, una manifestación vil, la peor prueba de
bajeza humana.

*Vase.*
*Salen don Rodrigo, don Fernando, Mendo y Laín.*

RODRIGO. [51] Hoy tendrán fin mis celos y su vida.
FERNANDO. Finalmente, ¿venís determinado?        2305
RODRIGO.  No habrá consejo que su muerte impida,
          después que la palabra me han quebrado.
          Ya se entendió la devoción fingida,
          ya supe que era Tello, su criado,
          quien la [48] enseñaba aquel latín que ha
                                              [sido   2310
          en cartas de romance traducido.
              ¡Qué honrada dueña recibió en su casa
          don Pedro en Fabia! [49] ¡Oh mísera doncella!
          Disculpo tu inocencia, si te abrasa
          fuego infernal de los hechizos della. [52]   2315
          No sabe, aunque es discreta, lo que pasa,
          y así el honor de entrambos atropella.
              ¡Cuántas casas de nobles caballeros

---

[48] Laísmo habitual en la lengua del Siglo de Oro.    [49] Es un texto irónico.

**(51)** Estúdiese el diálogo con detenimiento. Para empezar, se selecciona una estrofa elegante, como es la octava real, que requiere el majestuoso endecasílabo, verso tan sólo empleado anteriormente en tres ocasiones —un soneto, una serie de tercetos y un verso que remataba un romancillo—. Y es que el tema es sumamente grave y dramático: don Rodrigo, celoso y decidido a matar al caballero en defensa de su honor (v. 2307) y para castigar tanto engaño y el recurso a la hechicería, desatiende los consejos de su amigo y concibe una emboscada. El lector debería reflexionar sobre el análisis de don Rodrigo y señalar aciertos y desaciertos del mismo.

**(52)** Se equivoca el personaje: el enamoramiento de Inés fue previo a la intervención de Fabia. No obstante, acierta cuando censura tal intervención, pues deshonra las casas dignas (vv. 2318-2319).

han infamado hechizos y terceros!
　　Fabia, que puede trasponer un monte;　2320
Fabia, que puede detener un río
y en los negros ministros de Aqueronte [50]
tiene, como en vasallos, señorío;
Fabia, que deste mar, deste horizonte,
al abrasado clima, al Norte frío　　　　2325
puede llevar un hombre por el aire,
le da liciones. ¿Hay mayor donaire?

FERNANDO.　　Por la misma razón yo no tratara
de más venganza.

RODRIGO.　　　　　　　¡Vive Dios, Fernando,
que fuera de los dos bajeza clara!　　　2330

FERNANDO.　No la hay mayor que despreciar amando.

RODRIGO.　Si vos podéis, yo no.

MENDO. [53]　　　　　　　Señor, repara
en que vienen los ecos avisando
de que a caballo alguna gente viene.

RODRIGO.　Si viene acompañado, miedo tiene.　2335

FERNANDO.　No lo creas, que es mozo temerario.

RODRIGO.　Todo hombre con silencio esté escondido.
Tú, Mendo, el arcabuz, [54] si es necesario,
tendrás detrás de un árbol prevenido.

FERNANDO.　¡Qué inconstante es el bien, qué loco y
　　　　　　　　　　　　　　　　[vario!　2340

---

[50] *ministros de Aqueronte*: el río Aqueronte estaba en el infierno y lo vigilaban Equidna, Cerbero, etc.

**(53)** Para hacer más vil el asesinato, se hace participar a varias personas (seis en total, según se sabrá más tarde): eso explica la intervención de Mendo.

**(54)** Si Rodrigo se batiera en duelo con Alonso sería menos infamante su acción; la nocturnidad, la celada, la acción de varios agresores y el uso de armas de fuego en vez de la espada acrecientan la vileza del hecho.

Hoy a vista de un rey salió lucido,
admirado de todos a la plaza,
¡y ya tan fiera muerte le amenaza!

*Escóndanse, y salga don Alonso.*

ALONSO. [51]    Lo que jamás he temido,    2345
que es algún recelo o miedo,
llevo caminando a Olmedo.
Pero tristezas han sido.
Del agua el manso ruido [52]
y el ligero movimiento
destas ramas, con el viento,    2350
mi tristeza aumentan más.
Yo camino, y vuelve atrás
mi confuso pensamiento.
    De mis padres el amor
y la obediencia me lleva,    2355
aunque esta es pequeña prueba
del alma de mi valor.
Conozco que fue rigor
el dejar tan presto a Inés...
¡Qué escuridad! Todo es    2360
horror, hasta que el [53] Aurora
en las alfombras de Flora [54]
ponga los dorados pies.

*Toca.*

Allí cantan. ¿Quién será?
Mas será algún labrador    2365
que camina a su labor;

---

[51] El monólogo está escrito en décimas.    [52] Para lograr el octosílabo, hay que leer *ru-i-do*.    [53] *el*: artículo femenino (*illa > ela > el*).    [54] *Flora*: diosa de las flores.

> lejos parece que está,
> pero acercándose va.
> Pues, ¿cómo?, lleva instrumento
> y no es rústico el acento,                              2370
> sino sonoro y suave. [55]
> ¡Qué mal la música sabe,
> si está triste el pensamiento!

*Canten desde lejos en el vestuario, y véngase acercando*
*la voz, como que camina.*

[VOZ.]        *Que de noche le mataron*
                 *al caballero,*                         2375
             *la gala de Medina,*
                 *la flor de Olmedo.* [(55)]
ALONSO. [56]   ¡Cielos! ¿Qué estoy escuchando?
             Si es que avisos vuestros son,
             ya que estoy en la ocasión,                 2380
             ¿de qué me estáis informando?
                 Volver atrás, ¿cómo puedo?
             Invención de Fabia es,

---

[55] Por exigencias métricas, hay que suponer diéresis sobre la *u: su-a-ve.*
[56] La estructura métrica de lo que sigue está configurada por redondillas (vv.
2378-2385), una seguidilla compuesta (vv. 2386-2392) y de nuevo redondillas (vv. 2393-2416).

**(55)** Por primera vez oímos el cantar completo, la seguidilla que
inspiró esta obra; su expresividad y funcionalidad son prodigiosas: en
primer lugar, téngase presente que la canta un labrador como si
fuera una canción ya tradicional; en segundo lugar, refiere la
muerte tal como la recordará la posteridad, aunque todavía su
desastroso desenlace no se haya cumplido. El último presagio
presenta los hechos como infalibles, pues refieren el suceso como
ya ocurrido. Don Alonso avanza imparable hacia su fin, que la
canción presenta como cumplido.

que quiere, a ruego de Inés,
hacer que no vaya a Olmedo. [56]　　　2385

LA VOZ.　　*Sombras le avisaron*
　　　　　　*que no saliese,*
　　　　　　*y le aconsejaron*
　　　　　　*que no se fuese*
　　　　　　*el caballero,*　　　　　　2390
　　　　　*la gala de Medina,*
　　　　　*la flor de Olmedo.*

ALONSO.　　¡Hola, buen hombre, el que canta!
LABRADOR.　¿Quién me llama?
ALONSO.　　　　　　　　Un hombre soy.
que va perdido.
LABRADOR.　　　　　　Ya voy.　　　　　2395

*Sale un Labrador.*

Veisme aquí.
ALONSO.　　　　　　Todo me espanta.
　¿Dónde vas?
LABRADOR.　　　A mi labor.
ALONSO.　　¿Quién esa canción te ha dado,
que tristemente has cantado?
LABRADOR.　Allá en Medina, señor.　　　　2400
ALONSO.　　A mí me suelen llamar

---

(56) Extrémese la atención con relación a cuanto diga el personaje: los pronósticos se interpretan como un anuncio del cielo, por
lo que se impone rehuir el peligro y retroceder a Medina; pero eso
sería cobardía, y el caballero no puede permitirse tal debilidad; en
consecuencia, el de Olmedo lo atribuye a *invención de* Fabia. Luego
(vv. 2465-2466), se reconocerá, cuando ya es demasiado tarde, que
es un anuncio del cielo.

|             |                                      |      |
|-------------|--------------------------------------|------|
|             | el Caballero de Olmedo,              |      |
|             | y yo estoy vivo...                   |      |
| LABRADOR.   | No puedo                             |      |
|             | deciros deste cantar                 |      |
|             | más historias ni ocasión            | 2405 |
|             | de que a una Fabia la oí.           |      |
|             | Si os importa, yo cumplí            |      |
|             | con deciros la canción.             |      |
|             | Volved atrás; no paséis            |      |
|             | deste arroyo.                        |      |
| ALONSO.     | En mi nobleza,                       | 2410 |
|             | fuera ese temor bajeza. ⁽⁵⁷⁾         |      |
| LABRADOR.   | Muy necio valor tenéis.             |      |
|             | Volved, volved a Medina.             |      |
| ALONSO.     | Ven tú conmigo.                      |      |
| LABRADOR.   | No puedo.                            |      |
| ALONSO.     | ¡Qué de sombras finge el miedo!     | 2415 |
|             | ¡Qué de engaños imagina! ⁽⁵⁸⁾        |      |
|             | Oye, ⁵⁷ escucha. ¿Dónde fue,        |      |
|             | que apenas sus pasos siento?         |      |
|             | ¡Ah, labrador! Oye, aguarda...       |      |
|             | «Aguarda», responde el eco...        | 2420 |
|             | ¿Muerto yo? Pero es canción         |      |
|             | que por algún hombre hicieron       |      |
|             | de Olmedo, y los de Medina           |      |
|             | en este camino han muerto.           |      |
|             | A la mitad dél estoy:                | 2425 |

---

⁵⁷ Empieza un romance.

(**57**) Nuevamente se esgrime la valentía como la virtud que impide rehuir el peligro y escapar, idea en la que se insiste en el v. 2426.

(**58**) Alonso sigue sin prestar demasiado crédito a la aparición y la atribuye a invención de su miedo.

¿qué han de decir si me vuelvo?
Gente viene... No me pesa;
si allá van, iré con ellos.

*Salgan don Rodrigo y don Fernando y su gente.*

| | | |
|---|---|---|
| RODRIGO. | ¿Quién va? | |
| ALONSO. | Un hombre. ¿No me ven? | |
| FERNANDO. | Deténgase. | |
| ALONSO. | Caballeros, | 2430 |

si acaso necesidad
los fuerza a pasos como éstos,
desde aquí a mi casa hay poco.
No habré menester dineros,
que de día y en la calle                               2435
se los doy a cuantos veo
que me hacen honra en pedirlos.

RODRIGO.   Quítese las armas luego.
ALONSO.    ¿Para qué?
RODRIGO.            Para rendillas.
ALONSO.    ¿Saben quién soy?
FERNANDO. [59]      El de Olmedo,                       2440

el matador de los toros,
que viene arrogante y necio
a afrentar los de Medina;
el que deshonra a don Pedro
con alcagüetes infames.                                2445

ALONSO.    Si fuérades a lo menos
nobles vosotros, allá,
pues tuvistes tanto tiempo,
me hablárades, y no agora,
que solo a mi casa vuelvo.                             2450

---

(59) Fernando enuncia los motivos para matarlo: es la envidia y es el desdoro ocasionado por el recurso a la alcahueta.

Allá en las rejas, adonde
dejastes la capa huyendo,
fuera bien, y no en cuadrilla,
a media noche, soberbios.
Pero confieso, villanos,                                    2455
que la estimación os debo,
que aun siendo tantos, sois pocos.

*Riñan.*

RODRIGO.        Yo vengo a matar, no vengo
a desafíos, que, entonces,
te matara cuerpo a cuerpo.                                  2460
Tírale.

*Disparen dentro.*

ALONSO.                ¡Traidores sois!
Pero sin armas de fuego
no pudiérades matarme.
¡Jesús!
FERNANDO.          ¡Bien lo has hecho, Mendo!
ALONSO.        ¡Qué poco crédito di                         2465
a los avisos del cielo!
Valor propio me ha engañado,
y muerto envidias y celos.
¡Ay de mí! ¿Qué haré en un campo
tan solo?

*Sale Tello.*

TELLO.                Pena me dieron                        2470
estos hombres que a caballo
van hacia Medina huyendo.
Si a don Alonso habían visto
pregunté; no respondieron.

| | | |
|---|---|---|
| | ¡Mala señal! Voy temblando. | 2475 |
| ALONSO. | ¡Dios mío, piedad! ¡Yo muero! | |
| | Vos sabéis que fue mi amor | |
| | dirigido a casamiento. [60] | |
| | ¡Ay, Inés! | |
| TELLO. | De lastimosas | |
| | quejas siento tristes ecos. | 2480 |
| | Hacia aquella parte suenan. | |
| | No está del camino lejos | |
| | quien las da. No me ha quedado | |
| | sangre; pienso que el sombrero | |
| | puede tenerse en el aire | 2485 |
| | solo en cualquiera cabello. | |
| | ¡Ah, hidalgo! | |
| ALONSO. | ¿Quién es? | |
| TELLO. | ¡Ay, Dios! | |
| | ¿Por qué dudo lo que veo? | |
| | ¡Es mi señor don Alonso! | |
| ALONSO. | Seas bien venido, Tello. | 2490 |
| TELLO. | ¿Cómo, señor, si he tardado? | |
| | ¿Cómo, si a mirarte llego | |
| | hecho una fiera de sangre? | |
| | ¡Traidores, villanos, perros, | |
| | volved, volved a matarme, | 2495 |
| | pues habéis, infames, muerto | |
| | el más noble, el más valiente, | |
| | el más galán caballero | |
| | que ciñó espada en Castilla! | |
| ALONSO. | Tello, Tello, ya no es tiempo | 2500 |
| | más que de tratar del alma. | |

---

(60) Es la última vez que Alonso reitera el honesto propósito de su amor; por tanto, la justicia poética no castiga un amor carnal; los fallos morales del personaje han de ser otros.

|  | Ponme en tu caballo presto |  |
|---|---|---|
|  | y llévame a ver mis padres. |  |
| TELLO. | ¡Qué buenas nuevas les llevo |  |
|  | de las fiestas de Medina! | 2505 |
|  | ¿Qué dirá aquel noble viejo? |  |
|  | ¿Qué hará tu madre y tu patria? |  |
|  | ¡Venganza, piadosos cielos! |  |

*Salen don Pedro, doña Inés, doña Leonor, Fabia y Ana.*

| INÉS. | ¿Tantas mercedes ha hecho? [58] |  |
| PEDRO. | Hoy mostró con su real | 2510 |
|  | mano, [59] heroica y liberal, |  |
|  | la grandeza de su pecho. |  |
|  | Medina está agradecida, |  |
|  | y por la que [60] he recibido, |  |
|  | a besarla os he traído. | 2515 |
| LEONOR. | ¿Previene ya su partida? |  |
| PEDRO. | Sí, Leonor, por el Infante, |  |
|  | que aguarda al rey en Toledo. |  |
|  | En fin, obligado quedo, |  |
|  | que por merced semejante | 2520 |
|  | más por vosotras lo estoy, |  |
|  | pues ha de ser vuestro aumento. [61] |  |
| LEONOR. | Con razón estás contento. |  |
| PEDRO. | Alcaide de Burgos soy. |  |
|  | Besad la mano a Su Alteza. | 2525 |
| INÉS. | ¿Ha de haber ausencia, Fabia? [62] |  |
| FABIA. | Más la fortuna te agravia. |  |
| INÉS. | No en vano tanta tristeza |  |
|  | he tenido desde ayer. |  |

---

[58] Primer verso de una serie de redondillas. [59] *real mano*: se refiere lógicamente a la del rey. [60] *la que*: la merced que. [61] *aumento*: provecho. [62] Inés pregunta si habrá de ausentarse de Medina, para trasladarse a Burgos con su padre, recién nombrado alcalde de esa ciudad.

| | | |
|---|---|---|
| FABIA. | Yo pienso que mayor daño | 2530 |
| | te espera, si no me engaño, | |
| | como suele suceder, | |
| | que en las cosas por venir | |
| | no puede haber cierta ciencia. | |
| INÉS. | ¿Qué mayor mal que la ausencia, | 2535 |
| | pues es mayor que morir? | |
| PEDRO. | Ya, Inés, ¿qué mayores bienes | |
| | pudiera yo desear, | |
| | si tú quisieras dejar | |
| | el propósito que tienes? 63 | 2540 |
| | No porque yo te hago fuerza, | |
| | pero quisiera casarte. | |
| INÉS. | Pues tu obediencia no es parte | |
| | que mi propósito tuerza. | |
| | Me admiro de que no entiendas | 2545 |
| | la ocasión. | |
| PEDRO. | Yo no la sé. | |
| LEONOR. | Pues yo por ti la diré, | |
| | Inés, como no te ofendas. | |
| | No la casas a su gusto. | |
| | ¡Mira qué presto! | |
| PEDRO. | Mi amor | 2550 |
| | se queja de tu rigor, | |
| | porque, a saber tu disgusto, | |
| | no lo hubiera imaginado. | |
| LEONOR. | Tiene inclinación Inés | |
| | a un caballero, después | 2555 |
| | que el rey de una cruz le ha honrado; 64 | |
| | que esto es deseo de honor, | |
| | y no poca honestidad. | |

---

63 Se refiere al supuesto empeño de hacerse monja.    64 Recuérdese que el rey había decidido distinguir a Alonso con el hábito de una Orden Militar.

PEDRO.      Pues si él tiene calidad
            y tú le tienes amor,                        2560
                ¿quién ha de haber que replique?
            Cásate en buen hora, Inés;
            pero ¿no sabré quién es?
LEONOR.     Es don Alonso Manrique.
PEDRO.           ¡Albricias hubiera dado!             2565
            ¿El de Olmedo?
LEONOR.                        Sí, señor.
PEDRO.      Es hombre de gran valor,
            y desde agora me agrado
                de tan discreta elección;
            que, si el hábito rehusaba,                  2570
            era porque imaginaba
            diferente vocación.
                Habla, Inés, no estés ansí.
INÉS.       Señor, Leonor se adelanta;
            que la inclinación no es tanta              2575
            como ella te ha dicho aquí.
PEDRO.          Yo no quiero examinarte,
            sino estar con mucho gusto
            de pensamiento tan justo
            y de que quieras casarte.                    2580
                Desde agora es tu marido;
            que me tendré por honrado
            de un yerno tan estimado,
            tan rico y tan bien nacido.
INÉS.           Beso mil veces tus pies.               2585
            ¡Loca de contento estoy,
            Fabia!
FABIA.              El parabién te doy,
            si no es pésame después.
LEONOR. [65]   El rey.

---

[65] Para terminar la obra se emplea el romance.

| | |
|---|---|
| PEDRO. | Llegad a besar |
| | su mano. |
| INÉS. | ¡Qué alegre llego! 2590 |

*Salen el rey, el Condestable y gente, y don Rodrigo y don Fernando.* [61]

| | |
|---|---|
| PEDRO. | Dé Vuestra Alteza los pies, [66] |
| | por la merced que me ha hecho |
| | del alcaidía de Burgos, |
| | a mí y a mis hijas. |
| REY. | Tengo |
| | bastante satisfación 2595 |
| | de vuestro valor, don Pedro, |
| | y de que me habéis servido. |
| PEDRO. | Por lo menos lo deseo. |
| REY. | ¿Sois casadas? |
| INÉS. | No, señor. |
| REY. | ¿Vuestro nombre? |
| INÉS. | Inés. |
| REY. | ¿Y el vuestro? 2600 |
| LEONOR. | Leonor. |
| CONDEST. | Don Pedro merece |
| | tener dos gallardos yernos, |
| | que están presentes, señor, |
| | y que yo os pido por ellos |
| | los caséis de vuestra mano. 2605 |
| REY. | ¿Quién son? |

---

[66] Para besarlos, como fórmula de cortesía.

(**61**) Recuérdese la función del rey: restablecer el orden y hacer justicia; como se dirá más tarde, *para castigar los malos / y para premiar los buenos* (vv. 2645-2646); su presencia al final de las comedias barrocas era obligada en estos casos para sancionar conductas y dictar los principios éticos.

RODRIGO.            Yo, señor, pretendo,
con vuestra licencia, a Inés.
FERNANDO.  Y yo a su hermana le ofrezco
la mano y la voluntad.
REY.          En gallardos caballeros        2610
emplearéis vuestras dos hijas,
don Pedro.
PEDRO.         Señor, no puedo
dar a Inés a don Rodrigo,
porque casada la tengo
con don Alonso Manrique,        2615
el Caballero de Olmedo,
a quien hicistes merced
de un hábito.
REY.           Yo os prometo
que la primera encomienda
sea suya...
RODRIGO.      ¡Extraño suceso!      2620
FERNANDO.  Ten prudencia.
REY.           ... porque es hombre
de grandes merecimientos.

*Sale Tello.*

TELLO.     ¡Dejadme entrar!
REY.            ¿Quién da voces?
CONDEST.  Con la guarda un escudero
que quiere hablarte.
REY.         Dejadle.      2625
CONDEST.  Viene llorando y pidiendo
justicia.
REY.        Hacerla es mi oficio.
Eso significa el cetro.
TELLO.     Invictísimo don Juan,

que del castellano reino,                                    2630
a pesar de tanta envidia,
gozas el dichoso imperio:
con un caballero anciano [67]
vine a Medina, pidiendo
justicia de dos traidores;                                   2635
pero el doloroso exceso
en tus puertas le ha dejado,
si no desmayado, muerto.
Con esto yo, que le sirvo,
rompí con atrevimiento                                       2640
tus guardas y tus oídos;
oye, pues te puso el cielo
la vara de su justicia
en tu libre entendimiento, [(62)]
para castigar los malos                                      2645
y para premiar los buenos.
La noche de aquellas fiestas
que a la Cruz de Mayo hicieron
caballeros de Medina,
para que fuese tan cierto                                    2650
que donde hay cruz hay pasión;
por dar a sus padres viejos
contento de verle libre
de los toros, menos fieros
que fueron sus enemigos,                                     2655
partió de Medina a Olmedo
don Alonso, mi señor,
aquel ilustre mancebo
que mereció tu alabanza,

---

[67] Alude al padre de don Alonso.

**(62)** Frecuentemente, en las comedias barrocas se insiste en el carácter divino de la Monarquía.

que es raro encarecimiento.                    2660
Quedéme en Medina yo,
como a mi cargo estuvieron
los jaeces y caballos,
para tener cuenta dellos.
Ya la destocada noche,                         2665
de los dos polos en medio, [68]
daba a la traición espada,
mano al hurto, pies al miedo,
cuando partí de Medina;
y, al pasar un arroyuelo,                       2670
puente y señal del camino,
veo seis hombres corriendo
hacia Medina, turbados
y, aunque juntos, descompuestos.
La luna, que salió tarde,                       2675
menguado el rostro sangriento,
me dio a conocer los dos;
que tal vez alumbra el cielo
con las hachas de sus luces
el más oscuro silencio,                         2680
para que vean los hombres
de las maldades los dueños,
porque a los ojos divinos
no hubiese humanos secretos.
Paso adelante, ¡ay de mí!,                      2685
y envuelto en su sangre veo
a don Alonso expirando.
Aquí, gran señor, no puedo
ni hacer resistencia al llanto,
ni decir el sentimiento.                        2690
En el caballo le puse
tan animoso, que creo

---

[68] A media noche.

que pensaban sus contrarios
que no le dejaban muerto.
A Olmedo llegó con vida, 2695
cuanto fue bastante, ¡ay cielo!,
para oír la bendición
de dos miserables [69] viejos,
que enjugaban las heridas
con lágrimas y con besos. 2700
Cubrió de luto su casa
y su patria, cuyo entierro
será el del Fénix, [70] Señor,
después de muerto viviendo
en las lenguas de la fama, 2705
a quien conocen respeto
la mudanza de los hombres
y los olvidos del tiempo.

REY.     ¡Extraño caso!
INÉS.                    ¡Ay de mí!
PEDRO.   Guarda lágrimas y extremos, 2710
Inés, para nuestra casa.
. . . . . . . . . . . . . . . . . . . . . . . . [71]
INÉS.    Lo que de burlas te dije,
señor, de veras te ruego. [72]
Y a vos, generoso rey, 2715
destos viles caballeros
os pido justicia.
REY.                    Dime,
pues pudiste conocerlos,
¿quién son esos dos traidores?
¿Dónde están? Que ¡vive el cielo 2720
de no me partir de aquí

---

[69] *miserables*: desdichados.   [70] Recuérdese la n. 27 del II Acto.   [71] Falta un verso, como se desprende de la ausencia de rima.   [72] Se refiere al deseo de hacerse monja.

|            | hasta que los deje presos! |
|------------|-----------------------------|
| TELLO.     | Presentes están, Señor: |
|            | don Rodrigo es el primero, |
|            | y don Fernando el segundo. |

2725

| CONDEST.   | El delito es manifiesto, |
|            | su turbación lo confiesa. |
| RODRIGO.   | Señor, escucha... |
| REY.       |                  Prendedlos, |
|            | y en un teatro [73] mañana |
|            | cortad sus infames cuellos. |

2730

Fin de la trágica historia
del *Caballero de Olmedo*.


FIN DE LA COMEDIA [74] DEL CABALLERO DE OLMEDO

---

[73] *teatro*: tablado para las ejecuciones.    [74] *comedia*: a pesar de que al principio de la obra se dice *tragicomedia* y que el rey acaba de llamarla *trágica historia*, el editor la subtitula ahora *comedia*.

# Documentos y juicios críticos

## I. La comedia nueva y el género de la tragicomedia

1.  *Lope de Vega compiló en el* Arte Nuevo de hacer comedias *(1609) sus ideas acerca del arte dramático, una vez que las había contrastado suficientemente con su experiencia en los corrales teatrales. Transcribimos algunos versos que se refieren a la barroca* comedia nueva *y al género mixto —la* tragicomedia—, *al que pertenece* El caballero de Olmedo.

> Lo trágico y lo cómico mezclado,
> y Terencio con Séneca, aunque sea
> como otro Minotauro de Pasife,
> harán grave una parte, otra ridícula,
> que aquesta variedad deleita mucho:
> buen ejemplo nos da naturaleza,
> que por tal variedad tiene belleza.
> Adviértase que sólo este sujeto
> tenga una acción, mirando que la fábula
> de ninguna manera sea episódica,
> quiero decir inserta de otras cosas
> que del primero intento se desvíen;
> ni que de ella se pueda quitar miembro
> que del contexto no derribe el todo;
> no hay que advertir que pase en el período
> de un sol, aunque es consejo de Aristóteles,
> porque ya le perdimos el respeto
> cuando mezclamos la sentencia trágica
> a la humildad de la bajeza cómica;

> pase en el menos tiempo que ser pueda,
> si no es cuando el poeta escriba historia
> en que hayan de pasar algunos años,
> que éstos podrá poner en las distancias
> de los dos actos, o, si fuere fuerza,
> hacer algún camino una figura,
> cosa que tanto ofende a quien lo entiende,
> pero no vaya a verlas quien se ofende.
> ¡Oh, cuántos de este tiempo se hacen cruces
> de ver que han de pasar años en cosa
> que un día artificial tuvo de término,
> que aun no quisieron darle el matemático!
> Porque considerando que la cólera
> de un español sentado no se templa
> si no le representan en dos horas
> hasta el Final Juicio desde el *Génesis,*
> yo hallo que, si allí se ha de dar gusto,
> con lo que se consigue es lo más justo.

Juan Manuel Rozas: *Significado y doctrina del «Arte Nuevo»
de Lope de Vega,* Madrid, SGEL, 1976, vv. 174-210.

2. *Joseph Pérez juzga la obra como tragedia más o menos impura en la que
Lope de Vega intenta un género escasamente tratado en la literatura española
del Seiscientos.*

Ni comedia de costumbres ni mera intriga de amor tachada de
elementos celestinescos, *El caballero de Olmedo* cobra toda su fuerza
evocadora del desenlace trágico y de su preparación a lo largo de la
comedia, desenlace que los espectadores conocen y esperan, ya que
todos se saben de memoria la copla que resume el destino del
protagonista. En *El caballero* notamos desde el principio la presencia, primero simplemente sugerida, luego afirmada con más y más
insistencia, del hado, ese oscuro destino, esa «fuerza ciega que
conduce a los héroes trágicos a acciones que están fuera de su
voluntad». Durante las tres jornadas del drama, don Alonso no
hace sino encaminarse hacia la muerte, rodeado de la simpatía con
que el público sigue sus pasos, admirable muestra de suspensión del
interés, conforme a las normas del *Arte nuevo*. [...]

*El caballero de Olmedo,* más que una tragicomedia, como reza el subtítulo de la primera edición, viene a ser una «trágica historia» (v. 2732), una aproximación a un género raras veces tratado en el Siglo de Oro español, la tragedia. En *El caballero* notamos los elementos patéticos y esa lucha angustiada contra un destino ineluctable, característica de la tragedia clásica; pero la mezcla de elementos cómicos y burlescos, en torno a los personajes de Fabia y Tello, le impide acceder propiamente a la categoría de tragedia pura.

> Joseph Pérez: *Introducción* a su edición de la tragicomedia, Madrid, Castalia, 1970, pp. 17-18 y 21.

II.   La canción tradicional

*Como se advirtió en la Introducción, la obra se inspiró en un cantar tradicional, probablemente surgido a raíz de unos hechos acontecidos en 1521. El desconocido autor reunió en la seguidilla los contrastes entre vida y muerte, luz y sombra, que tuvieron que conmover a Lope de Vega y sugerirle su obra dramática. Los versos del cantar decían así:*

> Esta noche le mataron
> al Caballero,
> a la gala de Medina,
> la flor de Olmedo.

*Ese cantar lo encontramos transcrito en diversas obras; Quevedo, por ejemplo, lo utilizó en* Las sacadoras:

> El caballero que da
> es caballero y le danzo;
> quien guarda es el *Caballero*
> *que de noche le mataron.*
> Al villano se lo dan,
> y quien no da es villano.

(*Obra poética,* ed. J. M. Blecua, III, Madrid, 1971, p. 384.)

5.     *El cantarcillo aparece en varias obras lopeveguescas. Además de en* El
caballero de Olmedo, *lo hallamos inserto en otras obras religiosas, en las
que se le ha vertido a lo divino:*

> Que de noche le mataron
>     al divino Caballero,
> que era la gala del Padre
>     y la flor de tierra y cielo.
> (*Auto del pan y del palo.*)

> Que de noche le mataron
>     al Caballero,
> a la gala de María
>     la flor del cielo.
> (*Auto de los Cantares.*)

6.     *En otra comedia, Lope de Vega empleó el cantar con función cómica, al
hacerlo letra de unos cantos de negros:*

> Yesta noche le mataron
>     a la Cagayera,
> quen langalan den Mieldina,
>     la flor de Omiela.
> (*El santo negro Rosambuco.*)

III.    El baile dramático

7.     *En 1617 apareció, en el volumen titulado* El Fénix de España Lope de
Vega Carpio, Séptima parte de sus comedias, *un baile cuyo autor nos
es desconocido —hay quien se lo atribuye a Lope—: desarrolla el mismo tema
de* El caballero de Olmedo *y coincide en muchos aspectos temáticos con la
obra lopiana. Helo aquí:*

> A jugar cañas un lunes
> de la octava de San Pedro,
> muy galán parte a Medina,
> el Caballero de Olmedo.
> Allá le llevan cuidados

de adorar los ojos bellos
de doña Elvira, por quien
los del amor fueron ciegos.
Su escudero le acompaña,
tercero de sus secretos,
secretario de sus gustos
y archivo de sus deseos.
Ya está la plaza cubierta
de telas y pensamientos;
mil damas a las ventanas
y en cada ventana un cielo;
y don Alonso entre todos,
en su bayo y cabos negros,
dando ocasión a los ojos
y envidias a sus deseos;
y en llegando a la ventana
de doña Elvira Pacheco,
besa la tierra el caballo
en señal de su respeto.
Pero luego salió un toro
de las riberas del Duero,
a quien la gente plebeya
le está esperando, diciendo:
Ucho ho, ucho ho, ucho ho
torillo osquillo,
toro osco, vente a mí,
vente a mí, que aquí te espero.
¡Jesús; qué bien que le espera!
¡Qué bien el rejón quebró!
¡Jesús, y qué bien le entró,
sacando el caballo fuera!
Toda Medina se altera,
y él se remira en su espejo:
ucho ho, torillo, torillejo;
toro osco, vente a mí,
vente a mí, que aquí te espero.
Seis toros habían corrido
muy feroces y soberbios,

cuando aperciben las cañas
los famosos cuadrilleros.
Afuera, afuera, afuera,
aparta, aparta, aparta,
que entra el galán don Alonso,
cuadrillero de unas cañas.
¡Qué parejas tan lucidas,
qué libreas tan gallardas,
matizadas de colores,
pajiza, leonada y blanca!
Acabadas son las fiestas;
todas las hermosas damas
al Caballero de Olmedo
dan bendiciones y gracias.
Media noche era por filo;
los gallos cantando estaban,
cuando sale de una reja
porque no le hallase el alba,
y en el camino de Olmedo
seis envidiosos le aguardan,
salen de un bosque embozados,
y atraviésanle una lanza.
Vuelve el escudero triste,
lleno de mortales ansias,
a Medina con la nueva
y así le dice a su dama:
Esta noche le mataron
al Caballero,
a la gala de Medina,
la flor de Olmedo.
Ella, que la nueva escucha
de pechos en la ventana,
dice al escudero triste,
llorando, aquestas palabras:
¡Ay don Alonso,
mi noble señor,
caro os ha costado
el tenerme amor!

IV.   La estructura de la obra y su significación

*No ha dejado de sorprender a los estudiosos el carácter mixto de la obra, el aire de comedia que preside las dos primeras jornadas y los tintes trágicos de la tercera. A. A. Parker intentó en 1957 justificar la unidad temática de* El caballero de Olmedo, *a pesar de tan dispares constituyentes; por otra parte, encuentra que el desenlace trágico, causado por el comportamiento de los amantes en la parte cómica, se explica por la aplicación de la justicia poética.*

Por dos actos, la obra se desenvuelve como una comedia, de tono feliz y aun alegre; después, repentinamente, en el tercer acto da un salto mortal y se hunde en la tragedia. En consecuencia, puede alegarse que la obra viola la ley básica de todo drama al presentar no una unidad sino una dualidad. Esta crítica se basaría en una estricta diferenciación entre tragedia y comedia que no es válida para el drama español. *El caballero de Olmedo* tiene unidad, pero la unidad existe en el tema, a pesar de la dualidad en la acción. El amor de Alonso e Inés, que en ningún momento deja de ser honrado de por sí, encuentra el obstáculo de que Inés tiene ya un pretendiente oficial a su mano: Rodrigo, elegido por su padre. A partir de aquí la acción se desarrolla en dos direcciones. Una es el intento de los amantes para superar el obstáculo; ésta es una situación normal y el elemento cómico alcanza su culminación cuando Inés, para no tener que casarse con Rodrigo, finge querer meterse a monja y recibe de Fabia y Tello lo que aparentan ser lecciones de latín, siendo ellos en verdad los emisarios de Alonso, con quien ella puede mantenerse así en contacto. La otra dirección en la cual la acción se desarrolla es hacia la tragedia, por cuanto las atenciones de Alonso para con Inés despiertan los celos de Rodrigo, quien por esta pasión es arrastrado a asesinar a Alonso.

Podemos estar seguros de que la muerte del héroe es un ejemplo de justicia poética, pero si la buscamos en aquella parte de la acción que conduce directamente a su muerte no encontramos suficiente razón para ella. Al despertar los celos de Rodrigo, Alonso no comete un crimen: Inés no es la mujer de Rodrigo, ni Alonso está tratando de seducirle a Rodrigo una mujer que lo ama. Por el contrario, Alonso e Inés se aman mutuamente con pasión noble e intensa, y esto no quebranta la ley moral. [...] La justicia poética debe buscarse por lo tanto en la parte que la obra tiene de comedia, más que en la parte que tiene de tragedia. Los incidentes aquí se caracterizan por una impulsiva imprudencia de parte de los amantes, que se dejan absorber tan completamente por su mutua pasión que se ciegan a la razón y la conciencia y procuran obtener un objetivo bueno y honrado por medios deshonrosos. Para facilitar su amor Alonso emplea los servicios de Fabia (una desacreditada alcahueta), como intermediaria; e instiga el hipócrita engaño del cual Inés hace víctima a su bondadoso, honorable y extremadamente candoroso padre, en el cual la alcahueta es también el principal instrumento. Esta conducta tortuosa, en detrimento del honor de todos, y tan incompatible con un final digno, proporciona la dimensión moral que justifica la tragedia desde el punto de vista poético y dramático, al revelar una falla moral en la conducta del héroe que hace su trágica muerte adecuada e inevitable. La otra parte de la trama proporciona los medios por los cuales se provoca su muerte. La dualidad de la estructura de la trama se resuelve así en la unidad del tema y no en la estricta unidad de la acción. Aun el elemento cómico se funde con la tragedia, al aumentar su ironía, puesto que la comedia es el signo de la impetuosa y excesiva confianza de los amantes en la persecución de una felicidad cuya tumba están ellos mismos cavando.

A. A. Parker: «Aproximación al drama español del Siglo de Oro», en Manuel Durán y Roberto González: *Calderón y la crítica: Historia y Antología,* Madrid, Gredos, 1976, vol. I, pp. 338-340.

9. *Diego Marín, autor de una importante obra sobre la intriga secundaria en el teatro lopiano, explica la ausencia de la misma en* El caballero de Olmedo.

Lope se halla, pues, ante un episodio real, pero ya de carácter tradicional, al que lo histórico sirve de fondo y a la vez de factor auxiliar, pero cuya significación es meramente individual, sin trascendencia o ejemplarización históricas (como la tienen *Fuenteovejuna, Peribáñez* o *El mejor alcalde, el rey*). Por eso se permite rellenar los dos primeros actos con una deliciosa intriga de capa y espada que contrasta con el carácter trágico del acto tercero. Contraste deliberado, porque en esos dos actos se aparta de la fuente para emplear la técnica tragicómica de *La Celestina*. Pero si bien esta acción costumbrista es de naturaleza totalmente distinta de la tragedia central, no puede considerársela como intriga aparte, sino que es parte integrante de una trama compleja. Así, también, junto al triángulo principal de Alonso-Inés-Rodrigo, Lope introduce la pareja secundaria de Fernando (amigo del antagonista Rodrigo) y Leonor (hermana menor de la protagonista), cuyos amores forman un paralelo con los de la pareja central, pero que pronto queda oscurecido al concentrar todo el interés dramático de ésta. Su papel se reduce a servir de apoyo a los protagonistas.

Como tampoco llega a adquirir desarrollo de intriga secundaria el interesante episodio político del joven rey Juan II y el poderoso favorito don Álvaro de Luna [...]. Le falta suficiente desarrollo dramático para ser algo más que un episodio destinado a caracterizar la figura del rey que tan directamente interviene en el curso de la acción principal, primero realzando públicamente el valor del héroe, y luego castigando justicieramente a los culpables de su muerte. La falta de desarrollo de este episodio político confirma el carácter doméstico de esta tragedia, para el cual la fórmula costumbrista, sin intriga secundaria aparte, es más adecuada que la histórica en la dramaturgia lopesca.

Diego Marín: *La intriga secundaria en el teatro de Lope de Vega,* México, Eds. de Andrea, 1958, pp. 109-110.

0. *Antonio Prieto, al editar la tragicomedia, revisó el significado de cada acto. El interés de sus observaciones nos lleva a transcribirlas, aunque sea fragmentariamente —otra cosa sería imposible en este breve apéndice.*

Se nos configura así la comedia, en su primer acto, en una rica complejidad secuencial donde se probará Lope de Vega, resolviendo en el tercer acto. Primero es un personaje, don Alonso, que se expresa en un monólogo de personalidad cultural provocada por la llegada del amor a través de los ojos; luego aparece Fabia, descolgada de *La Celestina*, incidiendo sobre la trayectoria de don Alonso con su marcada ascendencia, que extensamente manifiesta en sus diálogos con Tello e Inés; después aparecen, en la cultivada situación de protagonista/antagonista de la comedia lopiana, los personajes de don Fernando y don Rodrigo; y, finalmente, cuando ya Inés está entregada a Fabia, ésta cierra el acto con dos versos de cantar que remiten inmediatamente, como comprometido enunciado, a ese otro argumento histórico que fue suceso (la muerte de Juan de Vivero), leyenda y copla.

Todo el acto II es una anudada ampliación y matización progresiva de los elementos definidos en el acto anterior, como la presencia del Rey, Juan II, fijando la cronología de acción de la obra. Esto supone ya una liberación, un dominio de autor de Lope poseyendo su tiempo escénico. [...] Don Alonso, o Lope representándose, como poseedor de un sentimiento individual de amor se resiste internamente a pertenecer al juego de Fabia y en este acto II se nos manifiesta ya un personaje más liberado, más en sí dentro del movimiento de la comedia lopiana. Quiere decirse que, mediante el diálogo de sus personajes, en favor de don Alonso y desde él, Lope alcanza un movimiento escénico, con parejas de damas y galanes, que pertenece a la familiaridad de otras comedias suyas. [...]

[En el acto III,] en su comienzo, en lo que tiene de intensificación del acto anterior, da la impresión de que Lope aún no tenía la solución respecto a sus compromisos con Fabia y con el argumento enunciado mediante el cantar. [...]

Esa voz de labrador que canta, como leyenda de un hecho pasado, lo que aún no ha sucedido, se enlaza admirablemente con Fabia, con la celestinesca trayectoria de Fabia ya dominada por Lope, asida y modificada en su función por el arte de Lope, porque «allá en Medina» Fabia enseñó el cantar al labrador y éste es su voz. [...]

Si Alonso, siguiendo el consejo del labrador, regresa a Medina, romperá con su desandar ese futuro, ya realizado, que siente su presente en la voz del cantar. Si Alonso continúa hacia Olmedo se borrará su presente para ser ya esa lejana materia de leyenda que cantó el labrador como voz de Fabia. [...] *El caballero de Olmedo* es, como obra, una tragicomedia, con lo que el género manda, y Alonso vence su encrucijada de tiempos siguiendo el camino de

Olmedo, cumpliendo su destino legendario de muerte, cuando pudo esquivarlo acomodándose.

Antonio Prieto: Introducción a su edición de *El caballero de Olmedo*, Barcelona, Planeta, 1982, pp. LIV-LIX.

V. El poema dramático y la ironía trágica

1. *Francisco Rico, agudo exégeta e historiador de la producción lopesca, ha estudiado pormenorizadamente* El caballero de Olmedo *en cuanto poema dramático: para él, la ironía trágica preside desde el primer verso hasta el último.*

Si la eficacia poética del cantar erigía a la muerte en protagonista de la tragicomedia, el cantar era también el lugar de encuentro de Lope y el público, de Lope y el pueblo: respetar el protagonismo de la muerte —por encima de «la gala» —equivalía a potenciar la complicidad de autor y espectadores —por encima de los personajes—, a afianzar el vínculo definitorio del hecho dramático. En esos hilos se trenzan los rasgos más decisivos de *El caballero de Olmedo*.

Los personajes, así, van descubriendo o adivinando con angustia la sentencia que han dictado la copla, Lope y el público. [...]

Hay que insistir en que la anticipación del desenlace no se limita a los «avisos del cielo» (v. 2466) o de Fabia, ni a las corazonadas del caballero, sino que se prodiga con exquisita puntería en alusiones que funcionan impecablemente en una situación dada, pero sólo en la perspectiva de tal desenlace triste cobran un sentido más pleno y más real. «Ironía trágica» (o «sofoclea») se llama esta figura de alto coturno. [...]

Pero si en *El caballero de Olmedo* tragedia es muerte, es también —a ello voy— amor; y uno y otro, destino: el destino que late inexcusablemente en el corazón de lo trágico. [...]

Desde el primer momento (vv. 15-20) todos saben que doña Inés ha correspondido al caballero con sólo mirarlo. Don Alonso de ningún modo cree en «hechicerías» (v. 984): recurre a la celestina Fabia como simple mensajera; la dama, a su vez, la acoge y se deja llevar por ella con burlona ingenuidad, sabiendo muy bien por dónde van los tiros. La explicación es simple:

> Dicen muchos, y lo creo,
> que los que luego [al punto] se aman
> cuando se ven tienen hecho
> infinitos años antes
> con las estrellas concierto.
> (*Quien todo lo quiere.*)

Y, en efecto, ni don Alonso ni doña Inés eran libres de huir el amor,

> porque dicen que le influye
> la misma naturaleza...,
>     que nace de las estrellas,
> de manera que, sin ellas,
> no hubiera en el mundo amor.
> (Vv. 531-532, 216-218.) [...]

Que don Alonso está predestinado a un triste fin, lo recuerda la copla, siempre adivinada al fondo; que está predestinado al amor que lo conducirá a la muerte, resulta diáfano de inmediato y se atiende a realzarlo después. Amor, muerte, destino: los tres pilares de la ironía trágica en *El caballero de Olmedo.*

> Francisco Rico: Introducción a su edición de *El caballero de Olmedo*, Madrid, Cátedra, 1983 (4.ª ed.), pp. 17-19 y 25-26.

VI.   El fuego del amor

12.   *El significado de los vv. 900-915 ha sido estudiado por el profesor Martínez López, quien supone que en ellos se encuentra condensado el sentido de la obra.*

Al principio de estas páginas señalábamos la importancia del pasaje [vv. 900-915] por su estratégica situación. Ahora no resultará difícil ver el carácter central que las resplandecientes imágenes de Alonso abrasado en fiebre terciana, cuartana, calma de amor e incendio de salamandra tienen dentro del sistema de significantes de una obra donde el tema del amor se enmarca entre la luminosidad de una tarde de feria y otra de toros y una tragedia construida sobre la contraposición luz/sombra y en la que el *sol* (v. 1054) y *llama tan dulce y hermosa* (v. 1065) de Alonso, jilguero de doradas alas (v. 1766), sería apagado por la obscuridad absoluta de una noche sin luna en la que *todo es horror* (vv. 2360-2361), para al fin encenderse eternamente en los repetidos incendios del ave Fénix (v. 2703).

> Enrique Martínez López: «La cuarta de amor del caballero de Olmedo», *Estudios sobre literatura y arte dedicados al profesor Emilio Orozco Díaz,* Granada, Universidad de Granada, 1979, II, pp. 400-401.

VII.   La obra desde la perspectiva de Lope de Vega

3.   *María Grazia Profeti sitúa* El caballero de Olmedo *en una época lopesca en la que se buscan ciertas experimentaciones en los géneros, la renovación de técnicas y estilos y una nueva relación con el público.*

*El caballero de Olmedo* se inscribe en este intento de instaurar con el público una nueva relación, que —pasando por alto a Góngora— halla en la experiencia medieval y cortés un estímulo a la elegancia no sólo del lenguaje, sino de los comportamientos y de las ideas. Entonces Lope antedata el acontecimiento histórico, y lo sitúa, no en el siglo XVI, sino en la época, llena de sugestiones, de don Juan II, ciñéndose a las reglas de los códigos de amor y honor con todas sus convenciones.

Pero en el siglo XVII esas convenciones ya no tienen los mismos caracteres y la misma vigencia: por ejemplo, la dama ya no es casada, y, por lo tanto, no resulta inalcanzable para el enamorado como en el amor cortés. [...]

¿Por qué motivo, en fin, don Alonso, noble, rico, de buena presencia, lo mejor que se pueda desear como yerno, recurre a una alcahueta y no dirige una regular petición de bodas a don Pedro, quien, por otro lado, cuando viene a conocer sus intenciones, es muy feliz de concederle a Inés? [...]

Aprovechando luego el conocimiento que el público tenía de las anteriores intervenciones (copla, baile, etc.) y del final trágico del caso, Lope juega con la premonición, dirigiéndola a fines dramáticos y sembrando la comedia de muchas alusiones al trágico final [...]

En fin, Lope ha intentado una explotación literaria a varios niveles: referencia al ambiente cortés, a los motivos de *La Celestina*, al tema de lo maravilloso en toda su sugestión. Sin duda no es un caso que en esta obra, de especial habilidad y construcción, los materiales típicamente «literarios», aquí insertados en vista de peculiares resultados, abunden particularmente.

> María Grazia Profeti: Estudio preliminar a su edición de
> *El caballero de Olmedo,* Madrid, Alhambra, 1981, pp. 17-19.

14. · *Antonio Rey, en un muy agudo artículo, ha intentado explicar la obra situándose en el punto de vista de Lope de Vega cuando se enfrenta a la espinosísima cuestión de justificar poéticamente la muerte de un caballero modélico, sin que el desenlace vaya a significar negar el valor ejemplar del personaje y su condición de arquetipo y modelo de hidalguía.*

Don Alonso Manrique, paradigma de nobles renacentistas, cortesano y virtuoso, ducho en armas y letras, modelo de caballeros cristianos... debe morir sin perder un ápice de su calidad arquetípica. Para ello, Lope utiliza como primera fuerza motriz el amor. El caballero sufre una intensísima herida amorosa, y busca, en su premura apasionada, a Fabia, sin pensar en las consecuencias de tal acto, sólo porque desde su altura nobiliaria, desde su mundo ideal, los mandatos del amor honesto y puro son ineludibles: «Tello, un verdadero amor / en ningún peligro advierte» (976-977).

Ningún propósito deshonesto le lleva hacia la alcahueta; ninguna utilidad concreta tendrá su intercesión; pero el dramaturgo ha iniciado así, casi inocentemente, una cadena de faltas socio-morales, o de moral social, si se quiere, además de totalmente innecesarias, que no tienen otro objeto que el de justificar poéticamente (de otro modo es imposible) la muerte del héroe, obligada de antemano.

No obstante, como debe seguir siendo un caballero perfecto, don Alonso mantiene incólumes sus virtudes idealizadas, su honor, su fe, su amor filial, su elevación y pureza nobiliarias..., cualidades modélicas todas que son las que intervienen como fuerzas incontestables precisamente en el momento de la verdad, en el de la tragedia, prevaleciendo sobre otras menos depuradas, con el fin de conducirle magníficamente hacia una muerte heroica, caballeresca y honrosa. Así, se dan, paradójicamente, la mano castigo y exaltación gloriosa, expiación de culpas y ardorosa defensa de tan nobles prendas. Justicia poética que alcanza también a Inés, como hemos visto; y, desde luego, justicia no tan poética, sino legal, que se abate con todo su rigor sobre Rodrigo y Fernando, ambos únicamente castigados por su crimen, vilipendiados definitivamente por su felonía, pero carentes del abrumador contrapeso de la gloria que rodea a don Alonso; tan poderoso éste, tan grande, que su nimbo dificulta la visión del castigo. Y es que el Fénix contempla con indudable agrado tan quinta esenciada concepción del mundo, y la defiende sin vacilar, aunque no por ello deja de sugerirnos, al parecer, que está condenada al fracaso de sus fines prácticos, al desbaratamiento de sus anhelos materiales, quizá porque a estas alturas del siglo XVII, como acababa de mostrar genialmente Cervantes, no había lugar para héroes tan perfectos, tan aislados en su pureza, que analizaban mal la prosaica realidad de cada día, bien que desde su óptica ejemplar e ideal. Los tiempos de los caballeros sin tacha habían pasado ya a la historia, quizá desde siempre.

Antonio Rey: «Algunas precisiones sobre la interpretación de *El caballero de Olmedo*», *Edad de Oro*, V (1986), pp. 183-202.

# Orientaciones para el estudio de *El caballero de Olmedo*

## 1. Argumento y estructura

Una vez leída la obra, será conveniente resumir el argumento, siguiendo la división en grandes secuencias, y revisar su construcción para intentar, de un lado, descubrir el sentido que la preside y, de otro, comprobar sus valores y degustar la excelente factura de la pieza.

En el primer acto, asistimos a tres núcleos argumentales: en el primero (vv. 1-214), se hace el planteamiento de la cuestión en lo que afecta a Alonso; en el segundo (vv. 215-532), se completa con el planteamiento de Inés y la presentación del otro galán, Rodrigo; en el tercero (vv. 533-887), se produce el equívoco desencadenante del conflicto: la cinta destinada al de Olmedo es retirada por Rodrigo, que se anticipa en solicitar a Inés para el matrimonio y dificulta, por consiguiente, la boda con Alonso; además de esto, tiene lugar el primer enfrentamiento entre los galanes.

La primera gran secuencia, por tanto, sitúa al espectador ante los precedentes de la historia: un joven caballero de Olmedo conoce en la feria de Medina a una bellísima y principal dama y queda, como suele suceder en el teatro lopeveguesco, perdidamente enamorado de ella. Aunque su propósito es el matrimonio y no parece que a ella le haya resultado el galán indiferente, se recurre imprudente e innecesariamente a una alcahueta para que ayude al caballero como mensajera, lo que contraviene la moral y la fe cristianas.

---

— Resúmanse la segunda y tercera secuencias del primer acto y valórense los componentes de la trama. (Serán útiles los documentos núms. 4, 5 y 7.)

---

En el segundo acto, se asiste a cinco secuencias —tres largas y dos muy breves—. La primera (vv. 888-1332) tiene lugar durante la noche y el amanecer en la casa de la muchacha —una deliciosa escena amorosa—; la segunda (vv. 1333-1393) recoge el diálogo entre el pesaroso y ya amenazante Rodrigo y su amigo Fernando; la tercera (vv. 1394-1553) tiene aire de farsa y consiste en las lecciones que Fabia y Tello imparten a Inés; la cuarta (vv. 1554-1609) está protagonizada por el rey y el condestable; en la quinta (vv. 1610-1813), con Alonso nuevamente como personaje, se recrea el caballero con la carta de su amada y refiere el profético sueño.

---

— Sintetícese el segundo acto siguiendo esta división en secuencias. (Consúltense los documentos núms. 4, 5, 6 y 7.)

---

Si se esquematizan los sucesos de este acto, se comprobará la alternancia de indicios favorables y adversos para el amor de Inés y Alonso: tras la positiva noche pasada en casa de la muchacha, tiene lugar la negativa intervención de su padre, que le brinda un matrimonio no deseado; a las amenazantes palabras de Rodrigo sigue la farsa de Fabia y Tello; la carta de ella va antes del sueño que profetiza la desgracia: se suceden, pues, el desarrollo feliz de la experiencia amorosa y las adversas fuerzas que se oponen a ella o presagian su frustración.

En el tercer acto, se vuelve a la estructuración en tres secuencias mayores y de proporciones muy semejantes: la primera (vv. 1814-2105) desarrolla una serie de hechos propicios a un final feliz, con el afortunado lucimiento de Alonso en las fiestas y la decisión del monarca de premiarlo con la dignidad de una encomienda; la segunda (vv. 2106-2508), en cambio, conduce a un desenlace desdichado, tras la emocionada despedida de los enamorados, los anuncios de la tragedia inmediata, la celada de Rodrigo y los suyos, el crimen y la posterior retirada del moribundo; la última (vv. 2509-2732) intensifica el patetismo, cuando a la boda ya no se opone otra razón que la irreparable muerte del caballero, y el rey acaba ordenando el arresto de los asesinos.

> — Resúmase el tercer acto e indíquese la funcionalidad de los diversos elementos argumentales.

De esta primera revisión se deducen tres consideraciones iniciales: por una parte, que la obra resulta algo más corta de lo que era normal durante el Barroco (poco más de 2.700 versos, frente a los 3.000 que suelen tener las comedias); por otra parte, la estructuración en tres actos —uno destinado a planteamiento y nudo, lo que se continúa en el segundo y parte del tercero, y se retrasa el desenlace, al que se dedican los últimos 600 versos— y la división, a su vez, de cada jornada en tres secuencias mayores de proporciones muy semejantes —en el segundo acto son tres y dos más breves—; por último, deberemos llamar la atención sobre el tratamiento trágico-cómico que se da a la historia: no es del todo cierto que haya dos actos de carácter cómico frente al último, que es trágico; en realidad, la obra desarrolla una agridulce historia amorosa que evoluciona lo mismo que cualquier comedia, combinándose con los anuncios desdichados vertidos por doquier y los versos pronunciados por sombras y voces misteriosas antes del crimen, lo que es propio de la tragedia; sin embargo, las escenas más agradables están plagadas de alusiones irónicamente trágicas y presagios funestos. Desde el principio hay continuidad trágica.

---

— Compruébese la existencia de presagios dispersos a lo largo de la obra y dígase en dónde están situados.

---

Y a estas tres consideraciones puede añadirse una cuarta, y es el permanente contraste entre contrarios, sobre el que Diego Marín ha escrito con lucidez: el día se contrapone a la noche, el goce de la pasión amorosa al triste fin que se sospecha, la plenitud del caballero a la efímera condición humana que hace insegura cualquier permanencia en el goce:

> ¡Qué inconstante es el bien, qué loco y vario!
> Hoy a vista de un rey salió lucido,
> admirado de todos a la plaza,
> ¡y ya tan fiera muerte le amenaza! (vv. 2340-2343.)

## 2.   Comedia nueva

Ya se señaló en la Introducción que la comedia nueva recibe este nombre por contravenir las normas que regulaban la composición del arte antiguo.

---

— Hágase una relación con los quebrantamientos de normas clásicas que existen en la obra. (Véase el documento núm. 1.)

3 . El cantar

Ya se dijo en la Introducción que la obra fue inspirada por una canción tradicional en la que se refería la muerte de un *caballero* que era *gala de Medina* y *flor de Olmedo*. Todo nos lleva a pensar que Lope de Vega ha diseñado personajes y trama para justificar la seguidilla.

> — Coméntese la canción tradicional y justifíquese su contenido como si el primer acto intentara, en efecto, constatar esos versos.

En otro orden de cosas, conviene reflexionar sobre el efecto que produciría en la recepción de la obra conocer la canción y su desventurado desenlace. El espectador sabe desde el principio que encontrará a un caballero ejemplar, muerto violentamente; tal suceso puede deberse a la acción fatal de un sino trágico que conducirá a su protagonista al desastre, independientemente de su conducta, o tal vez obedezca a una serie de fallas morales y errores, cuya responsabilidad castigará el dramaturgo frustrando sus amores y malogrando su vida.

> — Razone el lector si en la historia opera el destino trágico. (Sería conveniente tener presente cualquier tragedia clásica que se conozca, con la que contrastar la de Lope de Vega.)

4 . El recuerdo y homenaje a *La Celestina*

*La Celestina,* como obra compuesta según su autor «en reprehensión de los locos enamorados, que, vencidos en su desordenado apetito, a sus amigas llaman y dicen ser su

dios», está muy presente en *El caballero de Olmedo*. En la
Introducción ya anticipamos algunas consideraciones al
respecto y en **2, 6, 8, 10, 18, 26**... se invitó al lector a
reflexionar sobre las coincidencias entre ambas obras. Esta-
blezcamos ahora el valor referencial que la tragicomedia de
Rojas puede tener en la de Lope de Vega.

> — Reséñense todas las coincidencias detectadas entre
> *La Celestina* y *El caballero de Olmedo*: posible propósito de
> las dos obras, personajes, situaciones, componentes argu-
> mentales, textos, etc.

*La Celestina* se propone advertir sobre los riesgos de la
pasión, absolutamente carnal, que sume a los amantes en el
desorden y en el caos moral. En *El caballero de Olmedo* nada
de eso parece haber; los enamorados no se dejan arrastrar
hasta las lindes de lo carnal ni buscan aventuras efímeras e
ilícitas; por el contrario, se persigue el matrimonio; no
obstante, los instrumentos de que se vale la pareja para
alcanzar tan noble objetivo son desacertados e inmorales.

> — Relaciónense los medios a que acude la pareja para
> poder continuar amándose, en espera de que puedan
> casarse.

Los enamorados no reparan en la ilicitud de esos medios
porque la pasión los ofusca y se ven arrebatados por el
sentimiento hasta perder el buen sentido y la prudencia.

> — Compárese a Alonso con Calisto, a Inés con Meli-
> bea y a Tello con Sempronio.
> — Hágase un detenido análisis de Fabia y compárese
> con Celestina.

Las coincidencias entre los personajes de Rojas y los de Lope son sólo parciales: Tello no es evidentemente como Sempronio, de quien lo separa la lealtad y el afecto por el amo; Alonso es un caballero como Calisto, pero lo aleja de él su carácter ejemplar —aparte de que Lope de Vega lo trata con una simpatía que Rojas no sentía por su criatura—; Inés tampoco es Melibea... Mayor coincidencia percibimos entre Fabia y Celestina: las dos son alcahuetas y hechiceras, ambas reparan virginidades perdidas, conciertan amores, venden cosméticos, invocan al diablo, merecen su pésima reputación, etc.

---

— El lector habrá descubierto episodios, situaciones, componentes de la trama y textos que recuerdan en *El caballero de Olmedo* a otros de *La Celestina*. Piénsese lo que aportan estas huellas de la tragicomedia de Rojas a la de Lope de Vega.

---

5. Los personajes

Sabido es que el teatro clásico inventa acción más que crea personajes. La acción dramática en nuestro caso es una trágica historia de amor, movida por el azar y los celos. Pueden representarse las relaciones entre los personajes mediante el esquema siguiente:

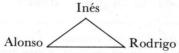

Se trata de un triángulo amoroso, compuesto por dos galanes que pretenden a la misma dama.

---

— Complétese el esquema, situando en donde corresponda a Leonor y Tello, don Pedro, Fernando y el rey.

La protohistoria de los amores es previa al comienzo de la representación. Alonso se ha prendado de Inés nada más verla, y a ella le sucede otro tanto. Rodrigo, por su parte, lleva un par de años cortejándola sin éxito.

El personaje de la dama en las comedias barrocas suele reunir unos rasgos tópicos: condición aristocrática, belleza y apasionamiento en el amor.

Inés es de una nobleza equiparable, o superior, a la de Alonso, lo que lleva a Fabia a advertir a éste, cuando sabe de quién se ha enamorado: *alto has picado* (v. 72). Y el mismo caballero, cuando cree fallida la intervención de la tercera, exclama: *Ello ha sido disparate | que yo me atreviese al cielo* (vv. 536-537). Y es que es hija de don Pedro, un ilustre caballero premiado por el rey con la alcaldía de Burgos. Convencionalmente los caballeros sólo se enamoran de damas de igual nobleza que ellos.

---

— En la muchacha destacan, además de su belleza (la *flor* de Medina se dice que era, v. 68, en una ciudad proverbialmente de hermosas), otras virtudes. Coméntense.

---

Normalmente las muchachas de la comedia nueva deshacen matrimonios que no son de su agrado y enredan hasta conseguir la boda con los galanes amados.

---

— Reconstrúyanse las artimañas de que se vale Inés para retrasar la boda no deseada. Entre aquéllas ¿cuáles revelan imprudencia o inmoralidad?

---

Leonor, por su parte, es la confidente de Inés y, por tanto, viene a ser el personaje que sirve para que ésta exprese sus sentimientos. (En el teatro clásico, la primera dama siempre está acompañada de otra con esa función, que será hermana como aquí, o prima, como en *Peribáñez,* o criada, como en la mayoría de las comedias conservadas.)

---

— En el papel de confidente y consejera, Leonor hace algunas observaciones muy sensatas a su hermana. Coméntense.

---

La figura de don Pedro es la del viejo y riguroso padre, siempre presente en las comedias lopeveguescas, vigilante del comportamiento de suś hijas y atento sobre todo a su honor, pues, celoso de él, lo reparará con la espada si fuera imposible prevenir su defensa oportunamente. La propia Inés alude de pasada a esa actitud del anciano (vv. 457-460), lo que no impide que le pasen inadvertidas las peligrosas visitas de Fabia o ignore los enredos de sus hijas.

---

— Analícese el comportamiento de don Pedro como padre. ¿Predomina en él la severidad sobre el afecto? Razónese.

---

Respecto a los galanes, ya se indicó que Lope de Vega se había inspirado en un cantarcillo tradicional que definía al protagonista muy vagamente. La lectura del primer acto confirmó aquella caracterización y el resto de la tragicomedia sirvió para constatarla reiteradamente. Alonso respondía, pues, a las convenciones del perfecto aristócrata que enamora a las damas con su porte, su palabra y sus virtudes y reúne los atributos del ideal nobiliario de aquella sociedad: la osadía, rayana en la temeridad, la generosidad, la galantería, la delicadeza, la firmeza en la fe cristiana... son cualidades que lo adornan y que en el Seiscientos se suponía que eran inherentes a la sangre noble. Alonso, pues, es el prototipo del caballero.

> — Adúzcanse los textos oportunos para confirmar cada una de esas virtudes enumeradas.
> — Búsquense otros textos semejantes en los que se identifique a Alonso con el prototipo de caballero.

Este modélico caballero no puede contravenir los códigos buscando en Inés una simple aventura pasajera o una relación exclusivamente erótica; por eso se insiste reiteradamente en su propósito de casarse con Inés.

> — Reúnanse todas las alusiones existentes en la comedia sobre este extremo.

Y si el objetivo del caballero es casarse con Inés, puede sorprender que recurra a una alcahueta profesional para llegar a la dama.

> — ¿Cómo podría justificarse el recurso a Fabia?

Tanto Alonso como Rodrigo son víctimas del amor. Desde el monólogo con que se inicia la obra, descubrimos en el de Olmedo una pasión desbordante: el amor, una especie de fiebre, lo irá consumiendo y enajenando; de manera que pierde un tanto el sentido de la realidad y de la moral, pues no de otro modo puede entenderse la peligrosidad de ciertas decisiones como el trato con Fabia, la entrada de noche en la casa de la amada, el engaño a don Pedro, etc. Son insensateces impropias de un perfecto caballero, sólo explicables por la ofuscación amorosa.

Tal vez su trágica muerte también tenga otra justificación: sus virtudes lo envanecen, y cuando está a punto de morir, reconocerá: *valor propio me ha engañado, | y muerto envidias y celos* (vv. 2467-2468).

> — ¿Puede justificarse la muerte del caballero como un castigo a su vanagloria y orgullo?

Don Alonso triunfa en los torneos de las fiestas de Medina y eso le vale ser premiado por el rey; se convierte en la *gala* de las ferias, tal como reza la coplilla tradicional. Recibe la distinción más preciada, cual es el nombramiento de comendador de una. Orden Militar (vv. 1596-1599, 1606-1609, 2555-2556 y 2610-2620).

El otro galán es Rodrigo, quien encarna el papel de rival, también destruido por la pasión amorosa, llevado al desastre por la acción de los celos. Cuando se inicia la obra, sabemos que lleva dos años cortejando a Inés sin ser correspondido, de lo que es dolorosamente consciente. Como Alonso, también es noble (*gallardo caballero*, v. 2610, lo llama nada menos que el rey), y, por tanto, puede aspirar a casarse con la dama y ser *gallardo yerno*, como asegura el condestable (v. 2602). También don Pedro lo tiene en alta estima cuando lo propone como marido a la hija: *No pudiera hallar un hombre /como don Rodrigo* (vv. 1179-1180); Inés no puede sino reconocer esas condiciones (vv. 1181-1186), pero no es el elegido. Los celos transformarán a Rodrigo en un envidioso primero, en un resentido después y en un criminal más tarde, cuando en un principio no era más que un simple hombre enamorado y sin favor.

> — Trácese la evolución del personaje.
> — El móvil del crimen son los celos. ¿Responde la conducta del personaje exclusivamente a la pasión o previamente a ella ya había dado pruebas de maldad?

La ingratitud de Rodrigo, que olvida que debe su vida a Alonso, lo envilece hasta extremos inusitados en un noble, como afirma el caballero de Olmedo (vv. 2288-2303). La degradación de Rodrigo llega hasta concebir una alevosa celada y dirigir el cobarde crimen, en el que se dan todas las agravantes posibles.

> — ¿Qué circunstancias hacen más vil el asesinato?

Fernando, por su parte, es otro noble, compañero de Rodrigo y enamorado de Leonor. Como acompañante del rival, desempeña la misma función que Tello con respecto al galán y que Leonor con relación a Inés, pues sirve como confidente y consejero.

> — Recuérdense los consejos de Fernando a Rodrigo.

Deberemos destacar el personaje de Tello y su extraordinario rendimiento funcional. Dos son, como en general sucede con los criados de la comedia áurea, las dimensiones de su papel: por una parte, es criado servicial y leal consejero de Alonso; por otra parte, provoca la hilaridad del público con sus comentarios, personalidad y actuaciones.

Sirve con lealtad como intermediario en la consecución de los objetivos de su amo (es mensajero entre los enamorados, se hace pasar por maestro de latines, etc.), por el que siente extraordinario afecto, como quedará de manifiesto cuando lo encuentre agonizante. Compañero de su amo, le sirve como interlocutor y se permite aconsejarle prudencia y sentido de la realidad, pues Alonso sólo está atento a ver a Inés, sin ser consciente de los peligros que lo acechan. Tello le hace considerar circunstancias que al amo se le escapan.

> — Señálense los consejos más acertados que Tello dicta a su señor.

> — En la conducta amorosa del amo ¿qué aspectos le parecen peligrosos a Tello?

Tello es contrafigura de su amo, al oponerse las virtudes de éste a las debilidades de aquél, la cobardía de uno frente a la osadía de otro.

> — Contrástese el episodio en que Tello se enfrenta a lo maravilloso, cuando acompaña a Fabia a profanar el cadáver del ahorcado, y aquel otro en que Alonso se encuentra con las sombras antes de morir.

Como personaje cómico, Tello provoca la risa con sus comentarios donosos ante lo que oyera referir, el relato regocijante de aventuras vividas fuera del escenario o el contraste con el amo.

> — Búsquese algún ejemplo de estos tres recursos de comicidad.

El personaje de Fabia es una réplica del de Celestina: como ella, es alcahueta y hechicera de pésima reputación que lo mismo concierta y favorece amores, valiéndose de la magia y el pacto con el diablo, que arregla virginidades perdidas, profana cadáveres, vende cosméticos u oraciones, remedia enfermedades de la mujer, etc. Curiosamente, Alonso recurre a ella como intermediaria de unos amores que no la precisarían, aunque hay agudos lectores que pensaron que ella sería necesaria en una sociedad que no favorecía el encuentro entre el hombre y la mujer. Pero es bien cierto que en otras obras, Lope hizo que sus galanes recurrieran a los criados para hacer llevar mensajes a la

dama y concertar los amores. Ciertamente se reiteran en la
comedia las críticas a Alonso por haber recurrido a la
hechicera. El personaje era suficientemente conocido y todos
coinciden en señalar su mala fama.

> — Discútase si esa reputación es merecida.

Lo peor de Fabia es que practica la brujería, lo que
estaba prohibido y era castigado por la Inquisición. En la
obra oímos que se la compara con otras hechiceras griegas y
la vemos atribuir el amor a efecto de sus conjuros.

> — Recuérdense estos textos. (Repásense **10, 18, 25** y
> **52**.)

Y es este personaje tan vituperable quien se convierte en
maestra de moral de una honesta muchacha, supuestamente
inclinada a la vida religiosa. Fabia pasa a ocupar el papel de
mujer *de buena y santa opinión* (v. 1208), que impartirá
lecciones a la futura novicia. Evidentemente, infamará la
digna casa de don Pedro, y de ello serán responsables los
enamorados, que serán castigados muy severamente.

Por último habrá que estudiar el personaje del rey.
Juan II, al igual que la mayoría de los reyes que intervienen
en las obras de Lope de Vega, encarna el modelo de
monarca, dechado de virtudes humanas y políticas, acorde
con las firmes creencias monárquicas del dramaturgo.

> — Juan II aparece en algunas breves secuencias,
> siempre entregado a los graves asuntos del Estado. ¿En
> qué ocasiones se aparece en escena? ¿En qué se ocupa
> concretamente?

El rey interviene sobre todo en la parte final de la obra para hacer justicia, como demandan Tello e Inés, y castiga a los criminales. Y es que la principal misión del rey en la vida, y también en el teatro, es ejercer la justicia.

> CONDESTABLE. Viene llorando y pidiendo
> justicia.
> REY.            Hacerla es mi oficio.
> Eso significa el cetro (vv. 2626-2628.)

Lope de Vega creyó siempre que la Monarquía era la institución idónea, y no desaprovechó ocasión para hacer propaganda de ella. Al igual que muchos de sus coetáneos, supone que la Monarquía —de inspiración divina— es la forma superior del Estado, y el rey es una especie de representante de Dios en la tierra. En *El caballero de Olmedo* se hace decir a Tello:

> Oye, pues te puso el cielo
> la vara de su justicia
> en tu libre entendimiento,
> para castigar los malos
> y para premiar los buenos (vv. 2642-2646.)

Es la proclamación de los principios definidores del quehacer del rey.

---

— Arguméntese en qué sentido pudo hacer esta tragicomedia propaganda de la Monarquía.

---

6. El tema y el significado de la obra

Llegados a este punto, el lector tendrá ya su propia hipótesis sobre el significado de *El caballero de Olmedo* y deberá revisar sus notas y releer algunos pasajes para fundamentar sus ideas.

---

— Hágase un cuadro con los temas de la obra y el significado que se le supone.

---

Partiremos de esas notas, que enriqueceremos con las precisiones e interpretaciones que los lopistas han aventurado, para adentrarnos en el sentido que la tragicomedia parece tener.

Caben diversas lecturas en *El caballero de Olmedo*, a juzgar por las no pocas interpretaciones que se han hecho del texto. Los críticos literarios coinciden en señalar que el punto de partida creativo es una famosa seguidilla tradicional, en la que se cantaba la muerte de un caballero. La muerte del héroe puede implicar alguna merma en su valía: Alonso muere por efecto del destino, lo que no le restaría ninguno de sus valores como arquetipo, o bien su muerte es una forma de castigo por algún yerro, lo que podría estar reñido con la ejemplaridad del noble.

Una línea de interpretación sostiene que la obra es la tragedia de un caballero condenado de antemano a la muerte por un sino aciago; el espectador sabe por la canción que el protagonista deberá morir en la representación, sin que ello signifique otra cosa que el que la fatalidad se cebe inmotivadamente en el personaje, que no podrá escapar a su fatalidad.

La otra línea interpretativa atribuye la muerte no a la acción ciega del destino adverso, sino a la justicia que castiga un comportamiento equivocado del héroe; la muerte es, de este modo, la manifestación del principio de la justicia poética, tal como se describió en la Introducción y puede leerse en el documento número 4.

— Debátanse las dos interpretaciones y fundaméntense en los textos convenientes. (Véanse los documentos núms. 1, 4, 5 y 7.)

Que Lope de Vega ha de hacer morir violentamente a Alonso está fuera de toda duda, por cuanto él y los espectadores conocen un cantar en el que se daba noticia de la muerte del *caballero, la gala de Medina, la flor de Olmedo*. Si se reconstruyen los hechos desde el principio resulta que Alonso, enamorado tan pronto vio a Inés y correspondido igualmente, la corteja è intenta el matrimonio, sólo dificultado por el error en la retirada de una cinta que la muchacha colocó sobre su reja para confirmar la identidad de su pretendiente, cinta que fue retirada por Rodrigo, quien se anticipa a solicitar a su dueña en matrimonio, con la esperanza de que pudiera estar dirigido a él tal favor. A partir de ese momento, se imposibilita, parece, la vía institucional, y los enamorados recurren a la provisional solución de ganar algún tiempo, amándose en secreto, y negándose Inés a contraer nupcias con Rodrigo. No debe pensar el lector que el compromiso de don Pedro de casar a su hija con Rodrigo puede deshacerse fácilmente (recuérdese la autojustificación de éste cuando se dispone a asesinar al de Olmedo: *la palabra me han quebrado*, v. 2307), aunque bien es cierto que el padre, más tarde, se avendrá fácilmente a que Inés se case con Alonso, una vez que Leonor le manifiesta la verdadera voluntad de su hermana.

— Una vez que Rodrigo solicita a Inés como esposa, ¿qué posibilidades de actuación quedaban a Alonso para no perder a Inés?

Las razones de la muerte están, en lo que es la acción más superficial de la obra, en los poderosos celos de Rodrigo, que le trastornan hasta concebir un plan tan vil como el que después ejecutará, pero desde el punto de vista más profundo, al preguntarnos por el significado ejemplarizante que suelen tener las comedias áureas, el castigo del caballero que su muerte representa es merecido, sin que por ello pierda su condición de modelo de almas nobles. En este sentido, es evidente que se castiga a Rodrigo por su criminal acción, pero sorprende que Fabia no tenga su propia condena.

---

— El amor lícito es condenado a *la fuerza del secreto* (v. 1644). ¿Son comprensibles y/o disculpables los ilícitos medios de que se sirven Inés y Alonso para seguir amándose? (Razónese, teniendo en cuenta las exigencias de la moral social y de la buena fama.)

---

Si bien es cierto que Alonso es un hombre ejemplar, no es menor verdad que juega con fuego, como repetidamente hemos advertido, al requerir los servicios de una indigna alcahueta y diabólica bruja, ponerse en sus infamantes manos, aceptar la burla concebida por su criado de sorprender la buena fe del padre e introducirse de noche en casa de la muchacha (lo que habría dado pie a utilizar indebidamente esas facilidades, pues, como reconoce Alonso, *bien sabe aquella noche / que pudiera ser mía* [Inés], vv. 1654-1655). El fin noble del matrimonio y del amor lícito no puede justificar el empleo de unos medios indignos (bien los señaló Parker); por eso está imposibilitado un desenlace feliz, y ciertamente los hechos pudieron ser otros; no parece, entonces, que haya fatalismo, sino motivación responsable del desventurado caballero. Ninguno de los medios aludidos son morales, ni ejemplares, ni propios del caballero por antonomasia; la mayoría de los errores son inspirados por Tello, pero la responsabilidad es del caballero y de Inés que los aceptan, para poder verse y amarse. Si el amor contrariado de Rodrigo lo enajena y conduce al desastre, el amor correspondido de Alonso e Inés también los ofusca y los lleva a un cierto desorden moral, a la desorientación sobre qué está bien y qué es lo prohibido. Hay castigo, por tanto, que coincide con aquel azar adverso. El azar obliga a unos amores condenados al secreto, y la libertad personal elige los medios para conducirse. Lope ha tenido que forzar un tanto las cosas para hacer convincente esta muerte y justificarla poéticamente; un caballero arquetípico, que incluso da pruebas de dignidad inquebrantable cuando se enfrenta a la muerte, ha de haber incurrido en algún error para que se le castigue tan severamente.

---

— Razónese a favor o en contra de esta interpretación. Adúzcanse argumentos que la confirmen o la contradigan.

---

Don Alonso y doña Inés son dos *locos amadores*, como Calisto y Melibea, que necesitan *escarmiento* como advertía Rojas; su pecado, el de unos amantes y otros, es el desorden moral, aunque en el caso de Lope se oriente al matrimonio y no se quebranten los principios de la moral sexual, mientras que en el de Rojas se trata de una pasión carnal desenfrenada. Pero no se olvide que los muy dignos Alonso e Inés se mezclan con la chusma (no otra cosa es la desacreditada Fabia), se burlan del honorable padre, hacen pasar a la inmoral alcahueta por maestra de costumbres y de piedad (escandaloso es verla, rosario en mano, dando lecciones y moralinas, la misma que remienda virgos o profana cadáveres o invoca al diablo en sus conjuros). Rodrigo fundamenta, en parte, su acción en estos hechos:

¡Qué honrada dueña recibió en su casa
don Pedro en Fabia! ¡Oh mísera doncella!
..........................................
¡Cuántas-casas de nobles caballeros
han infamado hechizos y terceras! (vv. 2312-2319.)

## 7.  Estilo y métrica

Se impone hacer unas reflexiones finales sobre el estilo de
la obra y el empleo del verso. Conviene tener presente la
concepción de la obra como *poema dramático,* sobre lo que se
alertó en la Introducción: ello explica que, además del uso
de los recursos típicos de la lírica, abundantes por todas
partes —cuando no resulta que el diálogo se constituye
con auténticos poemas (como son las glosas de *en el valle a
Inés* y *Puesto el pie en el estribo*)—, el dramaturgo conceda a
ciertas palabras un significado simbólico (recuérdese *ver | no
ver*, etc.) lo mismo que a ciertas realidades (el juego del día y
la noche, por ejemplo), emplee paralelismos y contrastes en
ciertos parlamentos y situaciones (así, por ejemplo, las
décimas pronunciadas por Alonso en los vv. 1-30 se contra-
ponen a las de Rodrigo en los vv. 461-490), reitere ciertos
aspectos temáticamente importantes (la insistencia en la
condición arquetípica del caballero, o en la nobleza del
objetivo de las relaciones amorosas, o las premoniciones que
adensan el ambiente propicio al dramatismo final de la
tragedia) y, por último, seleccione el verso como vehículo
expresivo, fenómenos todos ellos propios de la poesía lírica.

---

— Constátense los rasgos aludidos anteriormente.

---

El lector habrá comprobado que varía el metro o la
estrofa según sea la situación dramática, la índole del
personaje que hable o el tema de que se trate. Y es que hay

una adecuación entre estos factores y las estructuras métricas consagrada por la tradición. Lope de Vega compiló su
experiencia sobre el asunto en el *Arte nuevo de hacer comedias,* y
enunció algunas observaciones —que no pueden tomarse
como normas, claro está— sobre el uso de la métrica en la
comedia.

> Acomode los versos con prudencia
> a los sujetos de que va tratando;
> las décimas son buenas para quejas;
> el soneto está bien en los que aguardan;
> las relaciones piden los romances,
> aunque en octavas lucen por extremo;
> son los tercetos para cosas graves,
> y para las de amor las redondillas (vv. 305-312).

---

— De acuerdo con esas recomendaciones, justifíquese
el empleo de las décimas en los vv. 461-490, del romance
—adecuado para relatar— en los vv. 75-182 y de los
tercetos en los vv. 1333-1394.

— Sin embargo, compruébese que no siempre se
siguen esos consejos; véase el romance de los vv. 533 y
siguientes.

---

La expresión de Lope está desprovista de ornato compli-
cado —gongorino—, y resultan diáfanos los recursos retóricos.

---

— Compruébese, explicando las imágenes de los vv.
2048-2072.

---

Por último, queremos referirnos a la conocida afición de
Lope a la poesía de los antiguos cancioneros españoles del
siglo XV, tan ricos en obritas maestras, en las que con

artificiosidad se trataban temas amorosos y se perseguía la expresión ingeniosa que agudizara los conceptos allí vertidos. En *El caballero de Olmedo* sorprendemos no poca lírica cancioneril, conceptuosa, aunque bastante clara en sus formas.

---

— Como actividad final: redáctese una nota en la que el lector recomiende la lectura de *El caballero de Olmedo* y justifíquese la recomendación.

SE TERMINÓ DE IMPRIMIR ESTA EDICIÓN
EL DÍA 1 DE SEPTIEMBRE DE 1992

LAUS  DEO

# castalia didáctica

## TÍTULOS PUBLICADOS